아이의 경제력

KI신서 2157

아이의 경제력

1판 1쇄 인쇄 2009년 11월 20일
1판 1쇄 발행 2009년 11월 25일

지은이 정철진 **펴낸이** 김영곤 **펴낸곳** (주)북이십일 21세기북스
기획·편집 김순란, 김선미 **디자인** 나미진 **일러스트** 주정원 **마케팅·영업** 서재필, 최창규, 김보미
출판등록 2000년 5월 6일 제10-1965호
주소 (우413-756) 경기도 파주시 교하읍 문발리 파주출판단지 518-3
대표전화 031-955-2100 **팩스** 031-955-2151 **이메일** book21@book21.co.kr
홈페이지 www.book21.com **커뮤니티** cafe.naver.com/21cbook

값 11,000원
ISBN 978-89-509-2107-1 03370

아이의 경제력

정철진 지음

21세기북스

아이의 경제력은
경제 독립인으로 살아가는 능력

요즘 대한민국을 살아가는 대부분의 30, 40대가 비슷하겠지만, 나 역시 참 힘들게 대학에 들어갔고, 또 참 어렵게 취업에 성공했다. 그리고 많은 유부남 선배들의 만류(?)에도 불구하고 결혼을 했고, 어느새 두 아이의 아빠가 되었다.

30대 중반까지만 해도, 나는 드라마에서 단골메뉴로 등장하는 "너도 한번 애 낳아봐. 그래야 부모 맘을 알지."라는 대사를 참 진부하다고 생각했었다. 그런데 언젠가부터 늦결혼하는 친구에게 "애 낳고 한번 키워봐라. 인생이 바뀐다."라고 말하는 나를 발견하게 됐다. 그랬다. 나 역시 '아빠'라는 타이틀을 갖게 됨과 동시에 인생의 많은 부분이 바뀌고 있었던 것이다. 부모 노릇을 한다는 것, 그것은 책임감 이상의 것이란 사실을 깨닫게 됐다. 아이를 키우는 과정은 부모의 의무이기도 하지만 동시에 특권이기도 했다. '아이의 경제력'은 바로 이 시기에 집필한 책이다. 무거운 의무감을 떨쳐 내고 '양육'이라는 당당한 내 권리를 찾아야겠다고 결심한 그 즈음이었던 것 같다.

출발은 한 증권 관련 기관에서 '아이 경제 수업'이라는 시리즈 기고를 요청하면서부터였다. 어린이 금융교육엔 자신이 있었던 터라 흔쾌히 응하고 집필을 시작했다. 하지만 아이 경제 수업을 위한 노력은 부모의 부담이 아니라 삶의 기쁨을 함께 느끼는 과정이 돼야 한다고 생각하면서, 집필 방향은 완전히 바뀌었다. 먼저 진정한 '아이의 경제력'에 대해 고민했고 아이에게 '경제력'은 부모의 경제력과 달리 단지 돈의 많고 적음으로 정의할 수 없다는 것을 깨달았다. 그리고 단순히 경제 지식을 가르치는 게 아니라, 경제 독립인으로 살아갈 수 있는 필수 능력을 길러줘야 한다고 판단했다.

난 결국 기존에 갖고 있던 경제/금융 지식을 모두 버리고 밑바닥에서부터 다시 취재에 돌입했다. 집필 내내 난 작가인 동시에 부모였다. 어쩌면 그래서 더 열심히, 더 죽어라 뛰어다녔는지도 모르겠다. 어려움도 많았다. 기존 자녀교육은 대부분 '어떻게 하면 아이를 훌륭한 사람으로 키울 것인가'라는 거대 담론을 표방하고 있었고, 상당수 전문가들은 문제아를 올바르게 교정하는 데 초점을 맞추고 있었기 때문이다. 특히 '경제 독립인'이라는 주제는 자녀교육에 있어 생소한 영역이었다. 아이의 두뇌를 발달시켜준다거나, 공부습관을 바로 잡아준다든지, 혹은 어릴 때 영어를 어떻게 하면 마스터할 수 있는가 등에 대한 이론은 넘쳐났지만 유독 '경제인'에 대해선 등한시했다. 부모들 자신도 마찬가지였다. 학부모들을 인터뷰 해보면 10명 중 7명은 "또 부자 타령인가요?"라던가 "일단 공부나 잘하게 만들려고요." 혹은 "대학만 보내면 애가 취업을 하던 백수가 되던 난 몰라요."라는 반응을 보였다.

하지만 용돈 관리를 5년 넘게 집중적으로 하면서 지금은 고2 아들과 연봉협상을 한다는 아빠를 통해서, 학원은 많이 보내지 못하지만 딸과 함께 장 보러 가면서 시장을 알려준다는 엄마를 통해서, '아이의 경제력'은 조금씩 자기 모습을 찾아갈 수 있었다. 그리고 숫자를 잘 다루는 능력과 돈을 잘 다루는 능력의 연관성을 추적하고 있다는 학자의 연구를 통해, 어린 시절 협상력만 제대로 길러줘도 먹고 사는 데는 아무 문제가 없을 것이란 주장을 통해, 책은 더 정교해졌고 보편성을 가질 수 있게 됐다. 결론적으로 이 책은 우리 부모들이 쓴 책이다. 내가 한 일이라고는 대한민국의 수많은 부모들이 시행착오를 거쳐 깨달은 노하우를 모은 것에 불과하다. 그렇지만 그 속에 바로 우리들의 이야기가 녹아있기 때문에 역설적으로 더 큰 도움을 줄 수 있을 것이라고 자신한다.

고마움을 표하고 싶은 분들이 있다. 단박에 거친 원고의 출간을 결정해주신 21세기북스 김영곤 사장님, 그리고 실제 책 작업을 총

괄하며 온갖 수고를 도맡았던 김순란 님에게 감사의 말씀을 전한다. 그리고 '자녀 교육비'란 변수로 인해 은퇴설계가 모순에 빠질 수밖에 없는 대한민국 부모들의 현실을 깨닫게 해준 강창희 미래에셋투자교육연구소 소장님은 집필 방향을 잡는 데 큰 도움을 줬다. 또한 처음 기고 당시 적극적으로 피드백을 줬던 엄마, 아빠들에게도 고마움을 느낀다.

영원한 나의 동지 아내 김해경과 언젠가 나의 가장 좋은 친구가 될 준서와 준혁 형제가 없었다면 이 책도 없었을 것이다. 현학적인 경제 지식을 떠벌리기만 했던 나를 잔돈교육을 역설하는 사람으로 바꿔놓은 장본인들이기도 하다. 특히 '마루타' 노릇을 하고 있는 준서는 나에게 실전에서만 얻을 수 있는 강한 확신을 줬다. 그래서 더 고맙고 사랑스럽다. 나의 부모님에게도 영원히 갚을 수 없는 은혜를 빚졌다. 지금까지 내가 '돈의 노예'가 되지 않은 건 모두 부모님 덕이다.

그 어떤 돈도 우리의 자유로운 영혼을 지배할 수 없다. 나도, 내 아이들도 돈을 비롯한 그 어떤 물질적 압박 속에서 행복하게 살아갈 수 있는 특권을 지녔다. 인생의 매순간 이 사실을 깨닫게 해주시는 하나님께 모든 영광을 돌린다.

2009년 11월 1일
파주에서 정철진

● Contents

아이의 경제 독립은
12살 전에 결정된다

요즘은 대한민국 30~40대 부모들 중 상당수가 노후설계나 재무설계에 대해 웬만한 지식을 갖고 있습니다. 수명이 늘어나 100살까지 살 확률이 높다는 것도 알고, 그때까지 '현역'으로 일할 수 없다는 것도 압니다. 그래서 머리로는 늘 "조그마한 상가 하나 장만해야 하는데……"라는 생각을 갖고 있습니다.

하지만 못합니다. 할 수 있는 상황이 안 됩니다. 가장 큰 이유는 아이 교육비 때문입니다. 유치원만 다녀도 월 평균 50만 원 이상이 들어가고, 초등학교에 들어가면 최하 학원 3개는 보내야 합니다. 그러다 보니 30, 40대 부모들 중 체계적으로 은퇴설계를 실천에 옮기는 사람은 드뭅니다. 이와 관련된 재테크 서적은 불티나게 팔리지만 딱 그뿐입니다. 노후설계에 대한 재테크 강의를 마치고 나면 참석자들은 이렇게 말하곤 합니다. "근데 돈이 있어야 뭐든 하죠.

다 아이한테 들어가는데……."

모두들 머리로만 알 뿐이고, 공허한 이론뿐입니다. 자신의 노후 설계를 위해 아이 교육비를 줄일 수 없다는 것입니다. 그래서 지금 초등학생, 중·고등학생 자녀를 둔 부모들은 이러지도 못하고, 저러지도 못한 채 그냥 앞만 보고 달려가는 형국입니다. '어떻게든 되겠지' 하는 생각으로요.

그런데 부모의 제대로 된 은퇴설계는 정말 아이 교육비를 대폭 삭감해야만 가능한 것일까요? 그렇지 않습니다. 방법은 있습니다. 바로 내 아이를 보다 빨리 그리고 제대로, 경제적으로 홀로 설 수 있도록 만들어주는 것입니다. 선진국 사람들이 노후를 보다 풍족하게 보내는 이유는 복지정책 때문이기도 하지만, 이보다 더 중요한 요소가 있습니다. 바로 자녀를 일찍 독립시킨다는 것입니다. 만약 우리네 부모처럼 아이의 30대 이후까지 책임져야

한다면 그 어떤 탁월한 복지제도로도 풍요로운 노후를 책임질 수 없을 것입니다. 단언컨대 아이의 대학 등록금, 취직 관련 학원비, 데이트 비용, 결혼 비용, 결혼 후 집 장만 자금, 손자 유치원 비용까지 책임져야 하는 지금의 현실에서는 결코 답이 없습니다. 어서 빨리 아이를 제대로 된, 능력 있는 경제 독립인으로 만들어 자신의 경제생활을 스스로 책임질 수 있도록 하는 것이 유일한 해법입니다.

그렇지만 아무 준비도 없이 다짜고짜 아이를 세상으로 내몰 수는 없습니다. 19살이 넘었다고 "앞으로는 네가 모든 것을 다 알아서 해."라고 다그칠 수도 없고요. 그래서 정말 자녀를 사랑하는 부모라면 아이가 어릴 때 준비를 시켜줘야 합니다. 단순히 경제 지식을 가르치는 게 아니라 앞으로 튼실한 경제 독립인으로 살아갈 수 있는 기본 역량을 만들어줘야 한다는 이야기입니다. 그럼 이런 역량은 어떻게 키워줘야 할까요?

첫째, 일찍 시작해야 합니다. 아이의 습관 형성기에 시작해 12살 이전에는 확실한 기반을 닦아줘야 합니다. 둘째는 구체적이어야 합니다. 돈을 계산하고, 절약하며, 모으는 방법을 실전에서 익히도록 해야 합니다. 셋째로 돈에 대한 제대로 된 개념 정리를 해줘야 합니다. 그래야 돈에 끌려 다니지 않고, 돈을 활용할 줄 아는 사람이 됩니다.

12살 이전까지는 부모가 나서야 합니다. 진정한 경제교육은 수학 문제를 풀듯이 책상에 앉아 공부할 수 있는 게 아니라 생활 속에서 이루어져야 하기 때문입니다. 지식교육은 다른 곳에서 할 수 있지만 실전교육은 반드시 부모가 함께 해야만 합니다.

잘못된 부자 교육을 버려라

많은 부모들이 자식을 '부자'로 키우고 싶어 합니다. 건강한 아이, 착한 사람, 훌륭한 위인 등으로 만들고 싶기도 하지만 이건 하나의 이상일 뿐이죠. 오히려 아이가 평생 돈 걱정 안 하고, 지금의 자신처럼 이런 '답답한 상황'을 겪지 않게 하고 싶은 마음이 더 강합니다. 그래서 최근엔 어린이 경제교육, 금융교육, 돈 교육 그리고 부자 교육이 대세입니다. 나는 비록 못했지만 아이만큼은 보란 듯이 부자로 만들고 싶다는 뜻이겠죠.

그런데 아이를 부자로 키우겠다면서 부자의 덕목을 가르치려고 열성을 다하는 부모들 상당수가 그 방법에 있어서는 잘못된 길로 가고 있습니다. 아이를 그냥 놓아두는 것보다 더 나쁜 결과를 가져다주는 경우도 많습니다. 몇 가지 오해들 때문입니다. 부모 자신이 제대로 된 돈 개념, 정확한 부자 개념을 몰라 생기는 악순환이기도 합니다.

첫째로 '부자'에 대한 잘못된 개념이 문제입니다. '부자'의 사전적 의미는 '돈이 많은 사람' 이 맞지만, 교육적 차원에서의 '부자' 란 '돈을 제대로 다룰 줄 아는 사람' 이 되어야 합니다. '돈의 주인' 이 되는 것이죠. 그래도 꼭 내 아이를 '돈 많은 부자' 로 만들겠다면, 방법은 한 가지뿐입니다. 부모 자신이 돈을 많이 벌어서 상속하면 됩니다.

둘째는 정공법이 있는데 이를 두고 굳이 다른 길을 찾는 오류입니다. 일부 부모들은 아이를 부자로 만들겠다면서 미국 하버드 대학교에 입학시키는 데 혼신의 힘을 다합니다. 사립초등학교, 국제중학교, 외고 및 특목고 등의 순으로 엘리트 코스를 밟게 하려고 안달을 냅니다. 하지만 일류 대학을 나와 일류 기업에 입사하는 것과 한평생 '돈의 주인' 으로 살아가는 것은 전혀 다른 차원의 문제입니다. 오히려 매주 아이의 용돈 기입장을 검사하고, 토론하는 것이 더 효과적인 방법입니다.

셋째는 지식 위주 교육으로 치우친다는 것입니다. 지금 내 아이는 공인회계사 시험을 보는 것도 아니고, 펀드매니저 자격시험을 치르는 것도 아닙니다. 오히려 아이에게 필요한 경제교육은 제대로 된 '습관' 입니다. 예산이라는 개념을 알고, 이를 직접 세울 줄 알고, 그 예산에 맞춰 소비할 줄 아는 습관을 들이는 것입니다.

사실 이처럼 아이의 돈 교육, 부자 교육이 지식으로만 흐르는 데는 부모의 책임이 큽니다. 귀찮고 힘들어서 경제 상식 관련 책 몇 권 읽히는 것으로 마음속의 부담을 덜어내려는 것이죠. 사교육 학원은 3개, 4개, 그리고 5개씩 보내는 부모들이 정작 아이 용돈 기입장 관리는 하지 않습니다. 매주말 아이의 용돈 관리를 하는 엄마, 아빠는 10명에 1명도 만나기 힘듭니다. 머리로는 잘 알고, 귀가 아프도록 들은 이야기지만 실천에 옮기지는 않습니다. 주식 투자를 통해 아이에게 경제를 알려준다고 하고선 "이번에 아빠 200만 원 벌었다. 대단하지?"라는 식의 엉뚱한 교육을 합니다. 이렇게 할 바에는 차라리 안 하는 게 낫습니다. 아이의 주식교육 목표는 돈을 버는 것이 아닙니다. 투자의 속성을 깨닫고, 그것을 통해 자신의 투자 원칙을 세우는 것이어야 합니다.

요람에서 무덤까지 책임질 수 없다면

제대로 된 경제교육은 생각보다 쉽습니다. 몇 가지 원칙만 갖고 있다면 어떤 부모든 누구나 실행에 옮길 수 있습니다. 영어는 못 가르쳐줘도 제대로 된 경제마인드와 경제습관은 확실하게 심어줄 수 있습니다. 절약과 절제를 하는 것도, 저축하고 투자하는 것도, 계획을 세우고 실행하며 반성하는 일도, 협상을 잘하고 작은 것이라도 나누는 행동도, 대단한 교육 커리큘럼을 짜놓고 비싼 돈 들여가며 가르치지 않아도 됩니다.

돈, 돈, 돈 하라는 게 절대 아닙니다. 부모와 아이가 함께 하는 몇 시간, 몇 가지 사건, 몇 가지 시행착오, 몇 가지 결정적인 노력이 아이 몸 속 깊숙이 이런 경제습관을 배게 할 수 있다는 것입니다. 무엇보다 아이가 아직 어린 나이이기에 가능합니다. 12살 이전에 확실하게 완성해야 합니다. 어차피 부모는 아이를 요람에서 무덤까지 책임질 수 없습니다. 아이는 결국 홀로 서야 하고, 역설적이게도 그래야만 부모도 홀로 설 수 있습니다.

지금 맘껏 아이를 학원에 보내지 못해서 괴로우신가요? 아이가 애처로운가요? 그렇다면 아이에게 제대로 된 경제습관 들이는 일에 더 많이 노력하세요. 지금 당장 학원 많이 보내는 것보다 아이에게 몇 십 배, 몇 백 배 더 큰 긍정적인 영향을 줄 수 있다는 것을 확신합니다.

우리는 큰 집에 살고, 외제차를 타고 다니며, 건물 수십 채를 소유하고, 대기업에서 고액 연봉을 받는 부모를 '부자 아빠' 혹은 '부자 엄마'로 혼동하곤 합니다. 그래서 "왜 우린 강남 아파트에 못살아요?"라고 말하는 아이 앞에 초라해지고, 스스로를 '가난한 아빠'나 '가난한 엄마'라고 자책하게 되지요.

하지만 부자 아빠와 가난한 아빠는 얼마나 많은 돈을 갖고 있느냐와 무관한 개념입니다. 오히려 내 아이를 제대로 된 '부자'로 키우느냐 못 키우느냐의 문제와 깊은 연관이 있습니다. 돈이 없으면 불행합니다. 그렇지만 분명 돈이 많은데도 불행합니다. 결국 행복과 불행을 결정짓는 건 바로 자기 자신입니다. 아마도 이 책을 읽고 있는 돈이 무지 많은 아빠 엄마, 혹은 돈에 무척 쪼들리는 아빠 엄마 모두가 공감하는 내용일 것 같습니다.

그렇다면 내 아이를 '행복한 부자'로 키워보세요. 돈의 주인이 되고, 그리고 자신의 삶을 자신이 주도할 줄 아는 그런 사람으로 만들어주세요. 그 순간 여러분은 바로 '부자 아빠'와 '부자 엄마'가 될 것입니다.

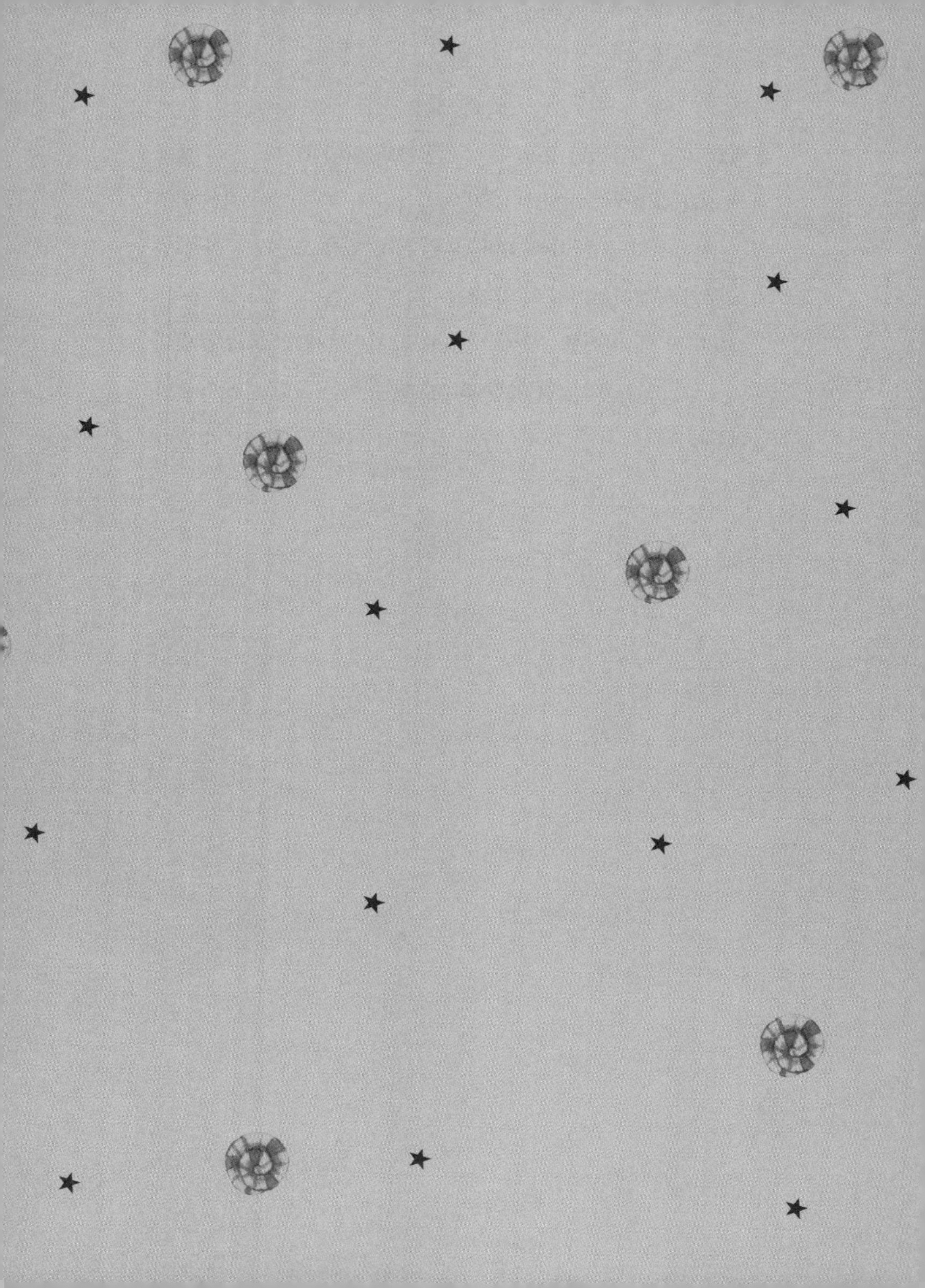

"아까 먹은 자장면이 얼마였지?"

열두 살 전에 경제습관을 익힌다

습관이 인격을 만듭니다. 습관이 인사 잘하는 아이를 만들고, 습관이 공부 잘하는 아이를 만듭니다. 그리고 습관이 저축하는 아이, 절약하는 아이를 만듭니다. 아이가 원래 그렇게 태어났다고요? 아빠를 닮아서 머리가 나쁘다고요? 주변 환경이 안 좋아서 어쩔 수 없다고요? 글쎄요. 일견 맞는 구석도 있겠지만 전적으로 동의할 순 없습니다. 분명 우리가 통제할 수 없는 요인도 있겠지만, 이런 것들을 제압할 수 있는 보다 더 핵심적인 요소가 있기 때문입니다. 그게 바로 '습관'입니다.

저는 기자 시절, 수백억 대 부자이면서도 밥 한끼에 절대로 만 원 이상 쓰지 않는 사람들을 꽤 많이 만나봤습니다. 혹시 웃을지 모르겠지만 밥 먹은 후 양치질을 하기 위해서 바로 칫솔 들고 화장실로 달려가는 '조폭'도 보았답니다. 다 습관 때문입니다. 자신의 몸에 딱 붙어버려서 어쩔 수 없게 된 것이죠.

그렇지만 언젠가부터 우린 습관의 중요성을 무시하고 있습니다. 특히 경제교육이 그렇습니다. 제대로 된 생활 속 경제습관에 대한 강조는 사라지고 과도한 경제 지식만 가득 차 있습니다. 아이에게 '어린이 경제 상식'에 관한 책 몇 권만을 던져주고는 경제/금융교육은 완전히 끝냈다고 생각합니다. 보다 적극적으로 경제교육을 시킨다는 부모들도 경제 지식 전달에만 급급하긴 마찬가지입니다. 그런 부모들은 대개 "내 아이는 워렌 버핏처럼 '투자의 귀재'로 키울 거야.”라는 말을 자주 합니다. 아이 손을 잡고 금융기관이나 언론사에서 개최하는 ‘어린이 경제교실’을 두루 섭렵하기도 하지요. 그래서인지 초등학교 4학년만 되어도 “포트폴리오(portfolio)가 뭘까요?”라는 질문에 바로 “달걀을 한 바구니에 담지 말라!”는 답변이 합창하듯 튀어나옵니다.

전 초등학생을 대상으로 한 일명 ‘어린이 경제교실’ 강의를 꽤 했는데요. 한번은 기업의 수익에 대해 설명하는데 6학년 소녀가 이렇게 말하더군요.

“매출액에서 매출원가, 판매비, 관리비도 빼고, 영업 외 수익은 더하고, 영업 외 비용은 빼고, 특별이익과 비용은 더했다 빼고, 여기서 다시 법인세 빼면 기업의 순이익이 나와요.” 정말이지 웬만한 경영학과 대학생보다 더 똑똑합니다.

하지만 조금 과장되게 말하면 이런 식의 경제교육은 완전 무용지물입니다. 분명 소중한 경제 지식이고, 경제에 대한 학습이 중요하긴 하지만 순서가 바뀌었습니다. 당장 우리 자녀에게 필요한 경제교육은 바로 ‘습관’입니다. 돈을 바라보는 습관, 돈을 아끼는 습관, 돈을 벌어보는 습관, 돈을 모아보는 습관, 제대로 써보는 습관, 협상을 통해서 자기 것을 얻어내는 습관, 기부하는 습관 등이 필요합니다. 이게 평생을 가는 겁니다. 6살 이전에는 반드시 시작해야 하고, 아무리 늦어도 중학교 1학년 이전에 이걸 완성해줘야 합니다.

생산과 소비, 이자 개념과 복리의 마력, 은행과 증권사의 차이, 주식의 정의, 부동산 투자의 기본 개념, 다양한 경제이론 등에 대한 학습은 그 다음 문제입니다. 무엇보다 일단 몸 따로, 머리 따로 놀기 시작하면 고등학생만 되어도 고치기가 정말 힘들어집니다. 생각해보세요. 한 달 월급을 1주일 만에 다 써버리고는 '케인즈 이론'을 유창하게 말하는 게 대체 무슨 소용입니까?

'습관'을 통한 경제교육은 시작이 어렵지, 한 번 궤도에 올라서면 무중력 상태에서 허공에 던진 야구공처럼 끝없이 앞으로 뻗어나갑니다. 굳이 화폐 가치 같은 재미없는 이야기를 할 필요도 없고요, '돈이란 소중한 거란다', '돈을 아껴 써라'라고 입 아프게 말할 필요도 없습니다. 몸이 자동적으로 움직이기 때문입니다. 이게 바로 습관의 매력입니다. 어렵지 않습니다. 그렇다고 좋다는 경제습관 모두를 다 익히게 해주려고 애태울 필요도 없습니다. 생활 속에서 몇 가지 필수 경제습관만 익혀주면 됩니다.

바로 지금, 내 아이에게 다음의 다섯 가지 습관을 몸에 배도록 해보세요. 머리로만, 입으로만 줄줄 외는 뜬구름 잡는 경제 지식보다 몇 백 배는 더 소중한 자산이 될 것입니다.

영수증을 외워라

혹시 할리우드 영화 속에 등장하는 미국 FBI 요원들의 모습을 기억하는지요? 단 한 번의 만남에도 상대방의 머리부터 발끝까지를 눈여겨보고 머릿속에 저장시킵니다. 목소리와 전화번호를 단박에 외우고, 한 번 간 곳의 위치도 정확하게 기억해냅니다. 짧은 순간에도 주변 사물과 사람들의 특징을 파악해내고, 방 안을 한번 훑어보기만 해도 바로 무엇이 바뀌었나를 알아챕니다.

잘 아시겠지만, 이런 FBI 요원의 능력은 타고난 것이 아닙니다. 지독한 훈련을 거쳐 몸속에 습관처럼 체득된 것이지요. 내 아이 경제습관도 다르지 않습니다. 처음엔 연습과 훈련 과정이 필요합니다.

경제습관, 시작은 영수증부터

경제습관 익혀주기의 첫 번째 과정은 바로 '영수증 외우기' 입니다. '외우기' 라고 표현을 하긴 했지만, 정확하게 말하면 영수증을 정확히 확인하는 습관입니다. '돈' 혹은 '숫자' 라는 모호한 개념을 '물건' 이라는 실체로 형상화시키는 것을 연습하는 과정이라고 할 수 있습니다. 이 영수증 외우기는 올바른 지출습관을 위해서도 반드시 익혀야 할 필수코스입니다.

아이와 함께 장을 보러 갈 경우, 영수증을 받으면 아이에게 건네줍니다. 그 다음 그날 구입한 물품과 가격, 개수 등을 확인시키도록 합니다. 자연스럽게 어떤 물건이 얼마인지를 익히게 만드세요. 중요한 건 "무조건 외워!"라고 부담을 주면 절대 안 된다는 것입니다. 시작은 '재미' 에서 출발해야 합니다.

“사과 10개가 3000원이네, 1개씩은 500원에 팔던데 우리가 싸게 샀다.”는 식으로 사과(물건)와 가격(돈)을 연결시키고 여기에 할인이라는 개념을 인식시켜주면 됩니다. 또한 혹시 구입하지 않은 물품이 영수증에 찍혔는지, 추가 할인을 받은 품목 가격이 제대로 적혔는지 등을 아이에게 물어보면서 퍼즐 맞추기처럼 재미를 붙여줘야 합니다.

아마도 이런 과정을 6개월 정도만 꾸준히 지속하면 이제 아이는 장을 본 영수증 속 품명과 가격, 부가가치세 등을 단박에 확인할 수 있게 될 것입니다. 물품 개수가 5개, 10개, 15개가 되어도 영수증을 한 번 쭉 훑어 내려가면서 짧은 시간에 착착 매치시킬 수 있는 것이지요. 마치 FBI 요원처럼 말이죠.

★ **영수증을 외우는 연습** ★
- 연습시기 : 7살~12살
- 훈련 포인트 : 상품과 가격을 정확하게 연결해보고, 이를 통해 올바른 지출습관을 확립한다. 나아가 물품 구입이나 외식 전 미리 예산을 세워보고 준비하는 습관을 익힌다.

자신의 신용카드를 긁으면서 지출 금액을 제대로 확인하지 않는 성인들이 참 많습니다. 식당에서 4가지 이상 가짓수가 많아져도 어떤 음식을, 얼마에 먹었는지 혼동합니다. 어렵다기보다 신경을 쓰지 않는 것이겠지요. 간혹 샐러리맨들에게 “혹시 한 달 월급 중에 세금은 얼마나 내는지 알아요?”, “건강보험료와 국민연금으론 얼마를 떼요?” 등과 같은 질문을 던져보곤 합니다. 이때 정확한 답변을 해내는 경우는 10명 중 3명도 안됩니다. 심지어는 자신이 투자한 주식을 언제, 얼마에, 몇 주를 샀는지 ‘정확하게’ 외우고 있는 사람도 드뭅니다. 모두 대충대충, 그냥 저냥 알고 있는 것이지요. 은행 상품의 이자소득세가 얼마인지도 모릅니다. 이런 상황에서 어떻게 제대로 된 수익률을 파악할 수 있겠습니까.

메뉴판을 가지고 놀게 하라

돈과 숫자에 대한 개념은 영수증뿐만 아니라 다양한 상황 속에서도 키워줄 수 있습니다. ‘물건값 외우기’도 좋고, 식당의 ‘메뉴판 기억하기’도 좋습니다. 돈과 상품을 연결 짓는 것이라면 모두 비슷한 효과를 얻을 수 있습니다.

예를 들어 식당에 가게 된다면 아이에게 꼭 메뉴판을 보여주세요. 아이 눈으로 직접 확인하게 해야 합니다. 처음엔 부모님이 아이와 함께 메뉴판을 보는 연습을 하는 게 좋습니다. 돈가스는 얼마, 스파게티는 얼마, 고구마 피자 레귤러 사이즈는 얼마, 콜라 한 잔은 얼마 등 음식과 가격을 의도적으로 연결시키는 연습입니다. 그렇게 몇 번을 반복해서 아예 “이 피자 집에선 콜라를 2000원에 팔아요.”

라고 암기시키는 습관을 들여주면 좋습니다.

이런 연습을 꾸준히 한다면 어느 날 혹시 내 아이가 이런 질문을 할지 모릅니다.

"엄마 그때 갔던 삼겹살 집은 1인분에 6000원이었는데, 여기는 왜 1만 원이나 해요?"

그럼 이제 내심 환하게 웃으면서 대화를 이어나가야 합니다.

"응, 이 집은 더 좋은 고기를 써서 그래. 그리고 너도 한 번 보렴. 이 식당이 더 크고 깨끗하지? 그래서 가격이 차이가 나는 거야. 그럼 얼마나 고기가 맛있는지 우리 한 번 먹어볼까?"

이렇게 되면 아이 경제교육은 더 심도 깊게 나갈 수 있습니다. 재화(물건) 및 서비스의 질에 대해서도 말할 수 있고, 자신이 쓸 돈(예산)에 대한 개념도 심어줄 수가 있지요.

내 아이를 그렇게 쫀쫀하게 키우고 싶지 않다고요? 결코 그렇지 않습니다. 오랜 만에 나온 외식인데 큰 소리로 "여기 음식이 왜 이렇게 비싸?"라던가 "너 싼 거 먹어!"라고 말하는 부모님이야말로 진짜 쫀쫀한 스타일이지요. 하지만 처음부터 미리 계획한 예산 5만 원에 맞춰 사전에 파악해놓은 가장 맛있는 식당으로 향하는 아빠에겐 '현명하다'는 표현을 해야 맞을 것 같습니다. 대단한 차이가 아닙니다. 부모의 그런 태도가 아이를 현명하게 만들고, 평생 자산인 경제습관을 물려주는 것입니다.

상당수 어른들이 영수증을 하찮게 생각한다. 그래서 아이에게 영수증을 외우는 습관을 길러주라고 하면 뜬금없다는 반응을 보일 때가 많다. 그렇지만 '영수증 외우기' 훈련의 효과는 무궁무진하다. 물건의 가치와 돈의 가치를 연결시키는 연습이기 때문에 이를 통해 소비훈련을 시킬 수 있고, 덩달아 예산을 세우는 능력도 길러진다. 가령 신혼부부가 집들이 예산을 세운다고 할 때, 여기에는 단순히 손님 몇 명이 오는가만 중요한 것이 아니다. 준비할 음식 가짓수, 목표로 정한 음식 수준, 그리고 이때 각 재료의 가격, 장 보는 장소 등 복합적인 정보들이 고려되어야 하는데 평소에 익혀두었던 '영수증 외우기'는 이것을 엮어내는 힘을 길러주는 것이다.

게다가 이와는 별도로, 영수증 그 자체는 '증거'의 힘을 갖고 있다. 그래서 지금도 웬만한 세무사들은 실제 영수증 종이를 모으려고 안달한다. 돈을 썼다는 '증거'가 영수증 밖에 없기 때문이다. 자신은 분명 음료수를 1병 샀는데 영수증엔 2병 산 것으로 찍혀있었다고 해보자. 현장에서 이것을 확인하지 않은 채 집에 와서 잘못됐다고 다시 마트에 찾아가봤자 아무 소용이 없다. 유일한 증거인 영수증이 2병이라고 하면 내가 1병을 샀건, 10병을 샀건 그냥 2병이 되는 것이다. 그래서 '영수증 외우기'는 아이에게 굉장히 중요하다. 어른이 돼서 중요한 매매계약서나 펀드 투자약관을 찬찬히 읽어보고, 모르는 것에 대해 부끄럼 없이 질문할 수 있는 능력도 결국 이를 통해서 길러질 수 있다.

식당 메뉴판 보기도 이와 비슷하다. 아이와 함께 레스토랑에 들어가기 전 입구에 세워져 있는 메뉴판을 꼼꼼히 확인하고 음식과 가격을 미리 파악하는 습관을 길러주자. 또한 음식에 대해 궁금한 점이 있으면 가차 없이 종업원을 불러 당당하게 질문하는 모습도 아이에게 보여줘야 한다. 비싼 음식을 못 먹는 건 결코 잘못된 것이 아니다. 비싼지, 싼지, 가격도 확인하지 않은 무계획적으로 소비하는 습관이 잘못된 것이다.

예를 들어 현재 시간 오후 1시 45분. 메뉴판에서 원래 가격 대비 40% 이상

저렴한 가격의 스파게티 세트를 보고 아이의 손을 잡고 식당에 들어가 맛있게 먹고 나오는데 이게 웬걸, 가격이 메뉴판과 틀리다. 그래서 종업원에게 항의하자 "손님, 그 스파게티 런치 세트는 1시 30분까지만 그 가격에 판매합니다."라고 한다. 그리고 보니 메뉴판에 작은 글씨로 이런 내용이 쓰여 있다. 이럴 경우 어쩔 수 없이 정상가를 지불해야 한다. 메뉴판은 '증거'이기 때문이다.

반면, 현명한 소비자라면 이렇게 해야 한다. 미리 메뉴판을 확인하고서는 종업원에게 "조금 늦었는데 스파게티 세트 그거 런치 메뉴로 가능할까요?"라고 말하는 거다. 아마도 웬만한 곳에서는 오케이 할 것이 분명하다.

'잔돈'의 소중함을 가르쳐라

각종 어린이 경제교육 프로그램을 보면 그 시작은 거의 똑같습니다. 바로 '돈의 개념'에 대한 설명이죠. 그런데 이게 꽤나 뜬구름 잡는 이야기입니다. 돈이란 무엇일까요, 돈은 왜 생겨났을까요, 나라마다 왜 돈은 다를까요 등 상당히 관념적인 접근이 많기 때문입니다. 그래서 이런 돈에 대한 설명을 할 때면 초등학교 5~6학년 친구들은 바로 하품을 합니다. 돈은 그냥 돈인데 왜 이렇게 구구절절 말이 많냐는 거죠.

전 돈의 개념을 익히는 방법으로 '잔돈 처리하기' 습관을 추천합니다. 잔돈의 가치, 잔돈의 중요성을 알게 해 결국 돈의 개념을 무의식적으로 깨닫게 하자는 취지입니다. 아이가 6~7살 정도면 무조건 시작해야 합니다.

요즘엔 아이들 사이에서도 1000원 밑으론 경시하는 풍조가 생겼는데요, '그러려니' 하고 그냥 놓아두어선 안 됩니다. 아빠의 1000

원과 아이의 1000원은 다르기 때문입니다. 1억 원의 가치를 알려면 당연히 1000만 원의 가치를 알아야 하고, 그러려면 100만 원의 중요성, 10만 원의 개념을 몸에 익히고 있어야 합니다. 그런데 10만 원은 어떻게 이뤄집니까. 바로 1만 원, 1000원, 100원 등으로 구성됩니다. 그래서 '잔돈'을 제대로 처리하는 습관은 돈의 가치와 개념을 잡는 데 요긴한 수단이 됩니다.

혹시 미국에 사는 아이들에게 10달러짜리 지폐를 용돈으로 준 경험이 있나요? 거의 미쳐 날뜁니다. 그런데 우리 자녀들은 설날에 받는 용돈 1만 원을 당연하게 여깁니다. 아니, 엄밀히 말해 미국이나 유럽 선진국들은 아예 비공식적인 용돈을 잘 주지 않습니다. 꼭 줘야 할 때도 선물 같은 물품을 이용하지, 현금을 건네는 경우는 거의 없습니다. 국민소득이 우리나라의 2배가 되는 선진국들도 마찬가지입니다.

준비되지 않은 아이

에게 현금을 주는 것은 역효과가 더 크다는 것을 이미 오래 전에 경험했기 때문입니다.

10원까지 체계적으로 따지는 습관

아이에겐 돈의 가치에 대해 체계적으로 인식시켜줄 필요가 있습니다. 포인트는 바로 '체계적'이란 단어입니다. 이 '돈'이라는 게 참으로 묘한 속성을 갖고 있기 때문입니다. 첨부터 돈을 5000원, 1만 원 지폐부터 접하게 되면 그 밑의 금액에 대해서는 자신도 모르는 사이에 경시하도록 만들어버립니다. 사람이 잘못된 것이 아닙니다. 돈이란 녀석이 갖는 특징입니다. 그래서 돈의 개념은 체계적으로, 단계적으로 익혀 나가야 합니다.

아이가 6세를 넘어 돈에 대해 본격적인 욕망이 생길 무렵 부모들은 맘을 단단히 먹어야 합니다. 10원, 50원, 100원 단위까지 꼬치꼬치 캐물어서 아이 머릿속에 "돈을 다룰 땐 이런 잔돈 단위까지 챙겨야 하는구나."라는 인식이 '콕' 박히게 해야 합니다. 당연히 한번에는 안 됩니다. 습관으로 만들려면 지속적으로 훈련해야 합니다.

"그 아이스크림 얼마야?"라는 물음에 "300원쯤 해요."라고 답하도록 해선 안 됩니다. "저쪽 골목길 옆 마트에선 270원에 팔던데요."라며 마지막 단위까지 답하게 해야 합니다. 300원과 270원이 차이가 있다는 것을 익혀야만, 3000만 원과 2700만 원의 차이를 인식할 수 있습니다. 아이 때 익혀야 합니다. 만약 지금 익히지 못하면 어른이 돼서 이렇게 될 수도 있어요.

"아, 300만 원 차이 밖에 안 되는데 그냥 계약하지 뭐. 술 몇 번 안 마시면 되는 거잖아."

참고로 이런 사람 치고 재테크 제대로 하는 사람을 만나본 적 없습니다.

★ **잔돈을 소중히 여기는 연습** ★
• 연습시기 : 6살~12살
• 훈련 포인트 : 저금통, 은행을 활용해 잔돈을 모아 목돈으로 바꾸는 경험을 만들어준다. 잔돈은 작은 돈이 아니라 목돈이 되는 기초라는 생각을 갖게 한다.

가장 먼저 자녀 방에 적당한 크기의 저금통을 마련해주세요. 그리고 10원짜리부터 100원, 500원까지 동전을 꼬박꼬박 넣는 습관을 길러주는 것부터 시작하는 게 좋습니다. 이때 포인트는 저금통이 너무 크면 안 된다는 겁니다. 저금통이 가득 찰 때마다 은행에 가서 '목돈'을 바꿔 받는 재미를 줘야 하기 때문입니다. 그래서 처음엔 작은 크기에서 시작해 나중엔 적당한 크기의 저금통으로 크기를 키워가는 것이 좋습니다. 무엇보다 아이 스스로 자신이 무심코 모아둔 100원, 200원이 제법 큰돈이 돼 있을 때 느끼는 기분을 직접 알게 해주는 것이 포인트이니까요. 그렇게 스스로 깨달아야 잔돈의 중요성을 알게 됩니다.

돈 3000만 원이 없어서 안달하고 좌절하는 사람이 한 달에 이런저런 술값, 외식비, 택시비로 20만 원 쓰는 건 아무렇지 않게 생각합니다. 잔돈의 가치를 몰라서 생기는 오류입니다. 3000만 원을 한번 은행에 넣어보세요. 1년에 20만 원 이자 받기도 힘든 세상입니다. 그래서 오히려 제대로 된 재테크를 하려면 '한 달에 20만 원을 아끼면 정기예금통장에 3000만 원 넣어둔 것과 똑같은 효과를 얻는다' 는 마인드를 가져야 합니다. 이런 개념을 갖고 있어야 돈에 휘둘리지 않습니다. 그런데 어릴 때 작은 돈, 잔돈의 중요성과 가치를 깨닫지 못하면 매번 공허한 돈 타령만 할 뿐입니다.

아이들 경제교육만큼은 회초리까지 들면서 똑소리 나게 가르친다는 유대인 어머니들에게도 '잔돈' 은 아주 큰 의미를 갖는다고 합니다. 아이를 상점에 심부름을 보낸 후 매번 잔돈을 정확하게 받아오는 바로 그 순간부터 자녀와 함께 은행 거래를 시작하는 것이죠. 은행 거래의 마지막 테스트가 바로 '잔돈 챙기기' 인 셈입니다.

몇 백 원, 몇 천 원 갖고 너무 그러지 말라고요? 아닙니다. 지금도 코스닥 시장에선 한 주당 몇 천 원대의 주식이 즐비하다는 사실을 생각하면, 절대로 '잔돈' 과 '작은 돈' 을 동일시해선 안 됩니다. 내가 갖고 있는 잔돈이 목돈의 기반이 되는 것을 알아야 합니다. 이

처럼 잔돈 챙기기는 무엇보다 돈의 가치를 체감하는 데 있어 효과
적인 기초훈련이 됩니다.

종종 이런 질문을 받는다. "그런데 왜 12살이에요?"

처음 이 질문을 받았을 땐 꽤 난감했다. 나 역시 고정관념 비슷하게 12살이
란 나이에 큰 의미를 부여하고 있었기 때문이다. 그러고 보면 꽤 많은 책이나,
영화 또는 사회관습, 의식 등에서 12살이란 나이에 중요한 의미를 부여한다.

그렇다면 왜 12살이란 나이가 이토록 중요할까. 12살은 신체적으로 2차 성
징이 나타나는 시기이면서 정신적으로는 사춘기가 시작되기 바로 직전이다.
또한 우리가 흔히 쓰는 '가치관'이 확립되는 시기이기도 하다. 이처럼 아이는
12살을 지나면서 생물학적으로, 사회학적으로 정말 큰 변화의 경험을 하게 되
는데 이 시간이 지나면 자아 개념이 빠른 속도로 강해지게 된다. 바꿔 말해 12
살 이후로는 새로운 습관이나, 새로운 개념 정립, 새로운 사고패턴을 받아들
이기가 무척 힘들어진다는 뜻이다. 그래서 10살 때 쉽게 고칠 수 있는 나쁜 버
릇이나 잘못된 생각, 열등감 등이 13살이 되면 아무리 때리고, 야단치고, 얼러
도 절대 고칠 수 없게 된다. 이런 이유로 많은 학자들은 한 목소리로 '12살의
중요성'을 강조하는 것이다. 물론 아이의 성장속도에 따라 11살이 될 수도 있
고, 13살이 될 수도 있다. 다만 중요한 건 '아이의 경제력' 훈련은 아이가 부모
의 말을 대놓고 무시하고-인간은 누구나 이 과정을 거친다-자존심이 상상 이
상으로 강해지기 전에 마무리하는 게 좋다는 것이다.

용돈 기입장 효과를 믿어보세요

재테크를 본격적으로 해보겠다고 마음먹은 성인들이 가장 먼저 하는 일이 무엇인지 아시나요? 바로 '재테크 일기'를 쓰는 일입니다. 과거 우리 어머님들이 쓰시던 가계부를 한층 업그레이드시킨 버전이라고 보면 됩니다. 콩나물 한 봉지에 얼마를 주고 샀는지를 기록하는 것에 그치지 않고, 자신의 적립식 펀드 수익률을 월별로 체크하고, 월 보험료, 자동차 유지비, 부동산 관련 대출비용 등을 꼼꼼하게 기록하는 것입니다.

요즘에는 많은 사람들이 왜 이런 재테크 일기를 써야 하는지 그 이유에 대해서는 잘 알고 있을 것입니다. 대부분 가정의 경우 수입(소득)이 고정돼 있습니다. 그래서 결국 효과적인 재테크를 위해선 지출(소비)을 줄여야 하는데, 이를 위한 기본 데이터를 제공해주는 것이 바로 재테크 일기가 되는 것이죠.

혹시 한 달 동안 자동차 유지비로 얼마를 쓰는지 정확하게 알고 계시나요? 20만 원? 30만 원? 자동차세와 자동차 보험료는 얼마를 내고 있나요? 알토란 같이 지출하고 절약하려면 현재 자신의 상황을 파악하는 일부터 시작해야 합니다. 지금 얼마를 쓰고 있는지를 알아야 지출을 줄일 수 있고, 줄였으면 얼마나 줄였는지를 알 수 있는 것이니까요. 그래서 '재테크 일기'의 힘은 매우 막강합니다.

내 아이 경제습관에서도 마찬가지입니다. 일명 '용돈 기입장'으로 불리는 아이들의 가계부 쓰기는 세계의 교육학자 및 경제학자들이 한 목소리로 '무조건 시켜야 한다'고 말하는 좋은 습관입니다.

용돈 기입장, 어떻게 지도할까

일반적으로 아이가 초등학교 3~4학년이 되면 처음으로 '공식적인' 용돈을 주게 되는데요, 이 순간부터 바로 용돈 기입장 쓰는 법을 익혀 줘야 합니다. 하지만 용돈 기입장 쓰기는 정말 중요한 경제 습관임에도 불구하고, 가장 많이 무시되고 방치되고 있습니다. 왜냐하면 최소한 1년 이상은 부모님이 정말 집중적으로 관리해줘야 하는데 품이 많이 들기 때문이죠. 어렵지는 않아도 귀찮습니다. 그래서 대부분 부모들은 그냥 형식적으로 "용돈 기입장 꼭 써라."고 입으로만 말할 뿐입니다.

★ 용돈 기입장을 효과적으로 활용하는 훈련 ★
• 연습시기 : 10살~15살
• 훈련 포인트 : 매주 부모님이 아이 용돈 기입장 관리를 1년 이상 지속한다. 과거 한 주의 수입과 지출을 맞춰보고, 다음 한 주의 수입과 지출 계획을 세워본다. 이 과정에서 아이 스스로 느끼게 유도해야 한다.

처음엔 부모님이 절대적으로 도와주어야 합니다. 일단 시중에서 파는 어린이 용돈 기입장을 구입해서 시작하세요. 그러다 2년 이상 이어지면 이제 본인이 직접 공책에다 만들어볼 수도 있을 것입니다. 부모 입장에서 참 귀찮겠지만 최소한—정말 최소한의 기간입니다— 첫 6개월 동안은 매주 아이와 함께 용돈 기입장을 관리하는 시간을 할애해야 합니다. 용돈에 대해서는 주급과 월급, 또는 격주마다 주는 방식 등 다양한데요, 12살 이전의 아이라면 주급이 좋습니다. 아이가 통제하기엔 한 달이란 시간이 상당히 길게 느껴지니까요. 일반적으로 용돈 기입장 관리는 주말 저녁시간을 권합니다. 온 가족이 함께 둘러앉아 아이의 '재테크 일기'를 보고 토론을 해보는 겁니다. 용돈 기입장을 보면서 다짜고짜 얼마 쓰고, 얼마 남았다는 식의 확인 방식은 안 됩니다. 좀 더 체계적으로 관리해줘야 합니다.

★ 1단계 : 수입과 지출 분석하기 ★

먼저 할 일은 아이가 용돈 기입장을 일기 쓰듯 매일 기록하는 습관을 들이는 것입니다. 일기를 쓰면서 용돈 기입장도 함께 정리하도록 하면 효과적입니다.

다음은 과거 한 주 동안의 수입과 지출에 대해 심도 있는 분석입니다. 비슷한 게 있는데도 왜 또 이 장난감을 샀을까, 떡볶이는 왜 매일 먹었을까, 분명 아빠한테 1만 원을 받았는데 왜 1만 2000원 수입으로 기록했을까 등을 아이와 함께 따져보는 과정입니다. 또 한 걸음 더 나아가 "네가 '이것'만 안 사 먹었으면 한 달 후엔 더 좋은 '저것'을 살 수 있었을 텐데." 는 식으로 아이 스스로 지출에 대한 평가나 반성을 해보게 만들어야 합니다. 아이 스스로 느껴야 합니다. 이게 바로 본격적인 용돈 기입장의 효과라고 할 수 있습니다.

이 과정이 끝났으면 이제 다음 한 주간의 계획을 짜 봅니다. 일종의 시뮬레이션이라고 생각하면 됩니다. 먼저 예상 수입에 대한 체크입니다. 예정 수입(용돈)과 특별한 행사가 있을 경우 어떤 수입이 추가로 발생하는지를 먼저 확인해보는 것이죠(용돈에 대해서는 제3부에서 본격적으로 다룰 예정입니다).

다음은 발생할 지출에 대해 생각해보는 시간을 갖는 겁니다. 가령 다음 주 목요일에 친구 성민이의 생일이 있다면 생일선물을 준비해야겠죠. 그러면 아이와 선물에 대해 이야기하면서 "가격은 5000원 정도 수준에서 찾아보는 게 어떨까?"라는 식으로 예산 개념을 심어주는 방식입니다.

절약이라는 것, 규모 있는 지출이라는 것, 소득에 맞춰서 생활을 적응시킨다는 것, 이런 건 모두 100% 습관입니다. 대단한 DNA 유전자가 따로 있는 게 아닙니다. 어릴 때부터 해보고, 확실히 몸에 익혀야 성인이 돼서도 합니다. 매번 아껴라, 그만 먹어라, 그만 사라는 식으로 아이에게 입 아프게 다그쳐봐야 효과는 없습니다. 오히려 이런 용돈 기입장 기록을 통해 스스로 머리를 굴리고, 실천하게 만들어야 합니다. 다 큰 성인들도 '재테크 일기'를 쓰면서 고쳐가는데, 하물며 아이들은 물먹은 솜처럼 그 효과가 철철 넘쳐날 겁니다.

　물론 엄마, 아빠도 많이 성가십니다. 피곤해 죽겠는데 주말마다 1~2시간씩 아이와 함께 이것저것 따진다는 게 쉽지 않습니다. 실제 이것을 해본 부모들은 한결같이 '귀찮아서 미치겠다'고들 토로합니다. 하지만 아무리 길게 잡아도 3년 정도만 힘들면 됩니다. 대신 내 아이에겐 평생 도움이 되는 습관이 몸에 배게 될 것을 확신합니다.

처음부터 끝까지 혼자서 해보기

대한민국에서 유일하게 '왕 회장'으로 불리는 고(故) 정주영 현대 그룹 명예회장이 회의 때마다 매번 부하 직원에게 했던 말이 뭔지 아세요? 바로 "님자, 해봤어?"라는 말입니다. 네가 직접 해보고 하는 말이냐는 뜻이기도 하고, 반대로 한 번 해보고 나서 이러쿵저러쿵 쫑알대라는 일침이기도 합니다.

늦어도 초등학교 4~5학년 이전에 잡아줘야 할 경제습관 중 하나로, 이 "님자, 해봤어?"를 꼽을 수 있습니다. 무슨 말인지 잘 모르겠다고요? 너무 추상적이라고요? 맞습니다. 좀 애매모호합니다. 예를 들어 구체적으로 말하면 '혼자 힘으로 장난감 장만하기' 같은 정도가 될 수 있겠는데요, 굳이 문장으로 풀어서 말해본다면 '일을 처음부터 끝까지 완성하는 것'이라고 할 수 있을 것 같습니다. 어떤 문제나 사건을 직접 풀어보고, 해결하면서 마무리를 지어보는 '습관'이라고 말할 수도 있겠습니다. 그런데 이때 무턱대고 아이한테 '해

봐라', '도전해봐' 라고 강요할 순 없습니다. 먼저 필요한 것은 그
방법을 알려주는 일이지요.

계획하고 실천한 뒤 평가하는 연습

경영학 원론에 보면 전략적 경영활동을 설명하는 과정을 '계획
(Plan)-실행(Do)-평가(See)' 라는 3단계로 나누는데요. 이 경영활
동 수순이야말로 내 아이가 향후 혼자 힘으로 다양한 일을 처리하
고 완성하는 데 요긴하게 쓰입니다. 아예 이 과정을 습관화시키면
그 효과는 극대화될 것입니다. 계획을 세우고, 실행을 하고, 그리고

그 결과에 대해 반성해보는 하나의 프로세스를 아이에게 습관적으로 길들여주자는 이야기입니다.

목표에 따른 계획을 세우고, 열심히 여기에 도전해보고, 그리고 그 결과를 겸허하게 받아들이고 객관적으로 평가하는 것, 말로는 참 쉽습니다. 하지만 어른들 중에서도 과연 이런 체계적 방식으로 인생의 갖가지 문제를 해결하는 사람들이 얼마나 될까요.

굳이 회사의 확장이나 사업철수 같은 대단한 활동이 아니라도 직장 선택이나 배우자 선택, 고3 수험생의 수학문제 풀이에서도 이 'Plan-Do-See'는 매우 효과가 높습니다. 그럼에도 불구하고 대다수 성인들은 이런 전략적 과정으로 일을 해결하지 못합니다. 몰라서가 아니라 머리와 몸이 따로 놀기 때문입니다. 습관화되지 않아서이고, 습관화하기가 상당히 어렵기 때문이기도 합니다. 사실 아이에게 이 'Plan-Do-See'를 습관화시키려면 많은 노력이 필요합니다. 부모님의 관심과 개입이 정말 많이 필요한 사안이지만, 그만큼 아이의 인생에 꼭 필요한 스킬임을 잊지 마시길 바랍니다.

★ Plan-Do-See 연습하기 ★
• 연습시기 : 8살~15살
• 훈련 포인트 : 단기 프로젝트로 시작해서 점차 기간을 늘리는 방식을 취한다. 무엇보다 계획을 잡고 실행했으면 반드시 마무리를 지어 성취감을 느끼는 게 중요하다. 성공과 실패 문제는 '평가(see)' 단계에서 충분히 이야기하도록 한다.

먼저 이렇게 시작을 해보세요. 아이가 사달라고 하는 물건이 있을 때 아이와 함께 물건 구입 계획을 세워보는 것이지요.

"네 용돈이 매주 2만 원이니까 하루에 1000원씩만 절약하면 7000원이지, 그러니까 이렇게 하면 되겠네……." 같은 식으로 먼저 현금 흐름(캐쉬 플로우)을 고려해서 최종 물품 구입까지의 계획을 함께 세워 봅니다. 그리고 나면 이제 아이에게 "그럼 바로 내일부터 해보자!"고 실행을 독려합니다.

그런데 여기서 주의해야 할 점이 있습니다. 처음 습관을 들이려고 할 땐 1주일 이상 끌지 말라는 것입니다. 초반엔 '계획-실행-평가(반성)' 과정이 1주일 내로 이루어질 수 있는 일을 가지고 시작하는 게 효과적입니다. 자칫 처음부터 2~3개월짜리 프로젝트를 갖고 아이를 다그치다가는 습관이고 뭐고 반감만 살 수 있으니까요.

그 다음에는 물건 가격대에 따라 1주에서부터 3주 정도 실행할 수 있는 프로젝트를 제안할 수 있습니다. 그런 식으로 '재무설계'를 짜고, 실행해서, 결국 자신의 손에 넣는 완성 단계까지의 '정상의 경험'을 익혀주는 것입니다. 짧은 기간 과정을 반복적으로 학습시킨 후 조금씩 그 기간을 늘려나가면 효과는 극대화됩니다.

성취감이 자신감이 된다

이런 과정을 자주 겪게 되면 '해봤다'라는 성취감 같은 것을 느낄 수 있는데요, 이런 성취감은 점점 '할 수 있다'는 자신감으로 바뀌어 갑니다. 성취감과 자신감, 정말 내 아이의 정서 함양에 놓칠 수 없는 두 마리의 토끼죠. 특히 초등학생부터 중학생 시절까지 이런 '정상의 경험'을 습관적으로, 그리고 반복적으로 맛보게 되면, 성인이 되어 배낭여행 가기, 자동차 구입, 내 집 마련 등 규모가 더 크고 기간이 긴 프로젝트도 힘들이지 않고 도전할 수 있게 됩니다. 모든 일에 있어서 스스로 계획하고, 이 계획에 맞춰서 이것저것 노력해보고, 실패하면 반성해서 다시 도전하고, 결국 이뤄내는 과정이 기계적인 습관처럼 자동적으로 이뤄지게 되는 것이죠. 그런데 진짜로 중요한 건 앞서 말했던 "님자, 해봤어?"입니다. 바로 '실행'이라는 것이죠. 계획을 세웠으면 그게 조금 불충분하고 어설프더라도 실행에 옮기도록 해야 합니다. 일단 한번 해봐야 다음번에 제대로 된 계획을 세울 수 있고, 직접 해봐야 평가 과정을 통해서 반성도 할 수 있습니다.

이 '계획-실행-평가'는 경제습관 영역에 그치지 않고 아이의 생활 전반에 적용할 수 있습니다. 가령 싸운 친구와 화해하는 과정에도 활용할 수 있습니다. 아이에게 다짜고짜 "가서 미안하다고 해."라고 다그치는 것보다 "가서 무슨 말을 할 건데?"라는 질문을 통해서 '사전계획'이라는 감을 심어주세요. 그리고 "근데 그 친구가 아예 널 만나주지 않으면 어떻게 하지?"라는 식으로 문제의식도 불어넣어 사전에 다양한 해법을 머릿속에 떠올리게 하는 게 좋습니다. 이렇게 해서 내 아이가 화해를 성공적으로 이뤄내면 '화해'나 '협상'이라는 것에 대해 좀 더 친숙하게 다가갈 수 있을 것입니다.

일을 해야 뭔가를 얻을 수 있어

웬만한 경제학 원론과 경영학 관련 서적에 가장 많이 나오는 키워드 중 하나는 바로 '노동'입니다. 일을 한다는 것, 분명 우리 인생에는 빼놓을 수 없는 중요한 요소이죠. 혹시 "내 아이는 창의력 넘치는, 우뇌(오른쪽 뇌)가 발달한 아이로 키울 건 데 무슨 노동?"이라고 반문할지 모르겠습니다. 하지만 몸 대신 머리를 써서, 또 창의력을 발휘해 일을 하는 것도 노동입니다. 부가가치가 높은 일을 한다고 해서 일은 하지 않고 그냥 앉아서 노는 것은 아니니까요.

지금 말하려는 경제습관은 바로 이 노동과 관련된 것입니다. '넌 무조건 일을 해야 한다'는 식은 절대로 아니고, 바로 노동의 대가에 대한 인식을 키우는 습관입니다. 즉, 일을 하면 어떤 보상이 있고, 반대로 일을 하지 않으면 얻는 것도 없다, 그리고 힘든 일을 하면 더 큰 대가가 뒤따르고, 상대적으로 쉬운 일을 하면 얻는 것도 적다는 것을 습관적으로, 기계적으로 인식하게 만드는 것입니다.

아동 심리학자에 따라 견해 차이는 있지만 이런 '노동과 보상'에 대한 인식은 12살 이전에 확립된다고 합니다. 그래서 이런 인식이 확립되지 못한 고등학생 자녀들에게는 "이번에 성적이 10등 오르면 청바지 사준다."라는 유인책을 던져도 큰 효과를 볼 수 없습니다. 머리로는 그 '미끼(보상)'에 대한 강한 열망이 있지만 '몸(행동)'이 따라주지 못하기 때문입니다.

'노력-보상'과 '성과-보상'의 차이

그런데 여기서 고려해야 할 사안이 있습니다. 첫째는 보상의 방법입니다. 보상에는 과자, 장난감, 용돈 등과 같은 물질적 보상과 애정, 칭찬, 격려 등과 같은 정신적 보상이 있습니다. 이 밖에 아빠와 야구장을 가거나 또는 아이의 게임 시간을 늘려주는 식의 유희적 보상도 생각해볼 수 있고요.

어떤 보상 방식을 선택할 것인가에 대한 결정은 아이의 나이와 학습능력에 따라 다양하게 구사해야 합니다. 가령 맞벌이 부부의 아이의 경우엔 아빠, 엄마와 함께 시간을 보내는 그 자체로 높은 보상 만족감을 느낍니다. 또한 5살~7살 아이에겐 '칭찬스티커 붙이기'가 높은 성과를 보입니다. 아직 돈에 대한 개념이 없기 때문에 '스티커'를 받는 것으로도 보상받았다고 느끼는 것입니다. 그렇지

만 평균적으로 봤을 때 효과적인 측면에서는 물질적 보상이 압도적으로 높습니다.

다음으론 '노력-보상'과 '성과-보상'에 대한 차이입니다. 즉, '일을 하면 대가가 따른다'는 것과 '일을 잘해야만 대가가 따른다'는 문제입니다. 좀 더 쉽게 말해서 내 아이가 방 청소를 하긴 했는데, 엉망으로 했을 경우에 과연 어떤 보상을 해줘야 하는가에 대한 고민이라고 할 수 있습니다. 노력을 했으니까 일단 보상을 해줘야 할까요? 노력은 했지만 결과가 너무 부정적이라면 당연히 보상도 없어야 할까요?

이게 참 복잡한 문제입니다. 심지어 경영학에서조차 '동기부여이론', '기대이론' 등 다양한 이론들을 통해 이 고민을 다루고 있을 정도니까요. 보상의 조건을 높여주고 이를 아이에게 공식적으로 통보할 경우 분명 아이는 그 보상을 받으려고 열심히 일을 할 것입니다. 그런데 열심히 일은 하지만 과연 그 일을 잘할 것인가는 또 다른 영역의 문제가 되는 것이죠. 특히 일은 열심히 했는데 그 결과가 좋지 못했을 경우 보상은 어떤 식으로 할까에 대한 문제가 참 골치가 아픕니다.

그래서 처음엔 아주 쉬운 일을 갖고 이 '노동-보상' 습관 들이기를 시작해야 합니다. 어느 정도 열심히 하면 어렵지 않게 완성될 수 있는 일이 좋습니다. 잘하고, 못하고는 이 다음 문제로 생각해야 합니다. 아이에겐 우선 '일을 하면 뭔가 얻을 수 있다' 는 인식부터 심어주는 게 급선무이니까요. 이렇게 '노력-보상' 의 단계로 시작해서 차츰 '성과-보상' 의 단계로 높여가는 방식이 효과적입니다.

가령 유리창 닦기 같은 일을 활용해보면 좋습니다. 처음엔 집안 유리창을 닦는 일, 그 자체만으로 보상을 해줍니다. 그렇게 몇 개월

간 이어나가다가 어느 순간 아이에게 이렇게 말하는 것입니다.

"준서야, 좀 볼래? 여기 끝에 얼룩 있잖아. 엄마는 이게 참 보기 흉하다. 다음 번엔 힘들지만 이것까지도 함께 지워보도록 해봐. 그러면 엄마가 용돈을 올려줄게."

이런 식으로 일을 잘하면 보상은 더 커진다는 사실을 알려주고, 또한 일을 하긴 했는데 결과적으로 잘못됐을 경우엔 안타깝지만 얻는 것도 적다는 것을 삶의 과정 속에서 알게 해줘야 합니다.

용돈과 보상의 상관관계

용돈 역시 이런 식으로 컨트롤 할 수 있습니다. 대부분의 학자들은 '아이에겐 공식적인(주기적인) 용돈이 비공식적(비주기적인) 용돈보다 좋다'고 말합니다. 어떤 학자는 아예 '어른들이 아이가 귀엽다고 느닷없이 내미는 비주기적 용돈이 아이의 경제습관을 망친다'고 말하기까지도 합니다. 하지만 일각에선 비공식적 용돈을 다각도로 활용하라는 조언도 합니다. 바로 '일=용돈(대가)'이라는 습관을 익히는 데 사용하라는 뜻이지요. 다시 말해 비공식적 용돈을 통해 노동에 대한 인식을 심어주라는 이야기입니다. 특히, 부모가 아이 생활에 많은 시간을 할애할 수 있는 경우라면 나쁘지 않은 방법인 것도 같습니다. 그러나 맞벌이 부부처럼 본인들도 정신없는 상황에선 비주기적인 용돈이 아이를 망치는 지름길이 되기도 합니다. 그래서 부모 스스로가 제대로 통제할 수 없는 상황이라면 비주기적으로 아이에게 주는 용돈이 독이 될 수 있다는 것을 명심해야 합니다.

또한 '일을 해야 뭐라도 얻을 수 있다'는 인식을 심어주기 위해선 노동의 종류와 난이도를 다양화시키는 게 좋습니다. 그리고 이 과정에서 점점 더 어려운 일에 도전하도록 격려하는 것도 필요합니다. 가령 집안청소, 부모님 안마 등에서 한걸음 더 나아가 아버지 서류정리 도와주기, 동생 산수 가르쳐주기, 백화점에서 구입한 어머니 옷 바꿔오기 등 더 다양하고 복잡한 노동을 시키는 것입니다. 당연히 힘들고 복잡한 노동일수록 상응하는 대가도 달라져야 하구요. 이렇게 하면 '노력-보상'에서 '성과-보상'으로 노동에 대한 습관을 자연스럽게 업그레이드시킬 수 있습니다. 개인적으로는 노동 습관을 익히기 위한 것이라면 '성과-보상' 방식은 12살 이후로 늦춰도 괜찮다는 생각을 해봅니다.

요약해보면 처음엔 '일을 해야 용돈을 받는다'는 습관을 먼저 확립한 후 차츰 '더 힘들고 고차원적인 일을 하면 더 많은 돈을 벌 수 있다'는 습관, 그리고 '잘하면 더 많이 얻을 수 있고, 못하면 안타깝지만 조금 얻게 된다'는 습관 순서로 몸에 배도록 해야 합니다.

이 순서가 뒤바뀔 경우 실패를 두려워해 어려운 일(노동)을 아예

안 하거나 대가가 작은 일은 아예 거들떠보지도 않는 역효과가 나
타날 수 있습니다.

어느 정도 자녀교육에 관심을 갖고 있는 부모들은 '마땅히 해야 할 일을 한 아이에게 용돈(보상)을 주는 것은 난센스' 라는 말을 참 많이 들어봤을 것이다. 특히 '성적을 놓고 아이와 용돈으로 거래하지 말라' 는 가르침은 금과옥조로 여기고 있다.

틀린 말이 아니다. 그런데 여기엔 전제가 숨어있다. 이 전제를 생각하지 않고 무턱대고 적용하면 아이도 그렇고, 부모 자신도 상당한 혼란에 빠질 수 있다. 가령 5살 아이에게 한 자리에 앉아 끝까지 밥을 먹으면 초콜릿을 준다고 해보자. 이때 밥은 당연히 자리에 앉아 먹는 것이니까 초콜릿이란 보상을 해주는 건 옳지 않은 것일까? 6~7살 자녀가 가족의 신발을 정리하고, 재활용 분리수거와 집안 청소를 도와줬을 때 돼지 저금통에 넣으라고 주는 500원 용돈이 정말 잘못된 것일까? 또한 공부 좀 더 시키려고 성적 10등을 올리면 용돈을 올려준다고 약속하는 게 정말로 치명적인 악영향을 미치는 것일까?

바로 이런 부분에서 많은 부모들이 헷갈려 한다. 자녀교육에 열성적이고 공부를 많이 한 부모일수록 더 많이 고민하게 된다. 이것은 바로 소위 '행동수정' 에 대한 전제를 생각하지 않아 생기는 혼동이다.

아이가 현재 잘못된 행동을 하고 있거나, 새로운 습관을 들여야 할 때는 보상이 마땅히 필요하고, 물질적 보상, 정신적 보상, 유희적 보상에 대한 선택은 상황에 맞춰 선택하면 된다. 교육전문가들이 '마땅히 해야 할 일을 한 아이에게 용돈(보상)을 주는 것은 난센스' 라고 말하는 것은 현재 잘하고 있거나 쉽게 할 수 있는 일에 대해서는 보상을 주면 안 된다는 뜻이다. 예를 들어 9살 아이에게 숟가락질이나 젓가락질을 잘했다고 상을 주는 것은 난센스이다. 하지만

5살 아이에겐 이 행동을 가르치면서 보상을 해주면 효과가 커진다.

　성적에 대한 용돈도 마찬가지다. 성적과 용돈의 거래가 옳지 않은 것은 성적이란 것이 '수정'을 요하는 행동이 아니기 때문이다. 1등을 하면 좋지만 그렇다고 20등이라는 성적이 나쁘거나 잘못된 것이 아니다. 그렇지만 아이가 예습과 복습을 전혀 하지 않는다면 이것은 잘못이고 수정이 필요하다. 따라서 예습과 복습을 대가로 용돈 인상을 제시했다면 이건 결코 잘못된 교육이 아니다. 분명 공부를 열심히 시키려는 보상이라면 공부에 대해 줘야지, 성적에 줘서는 안 된다.

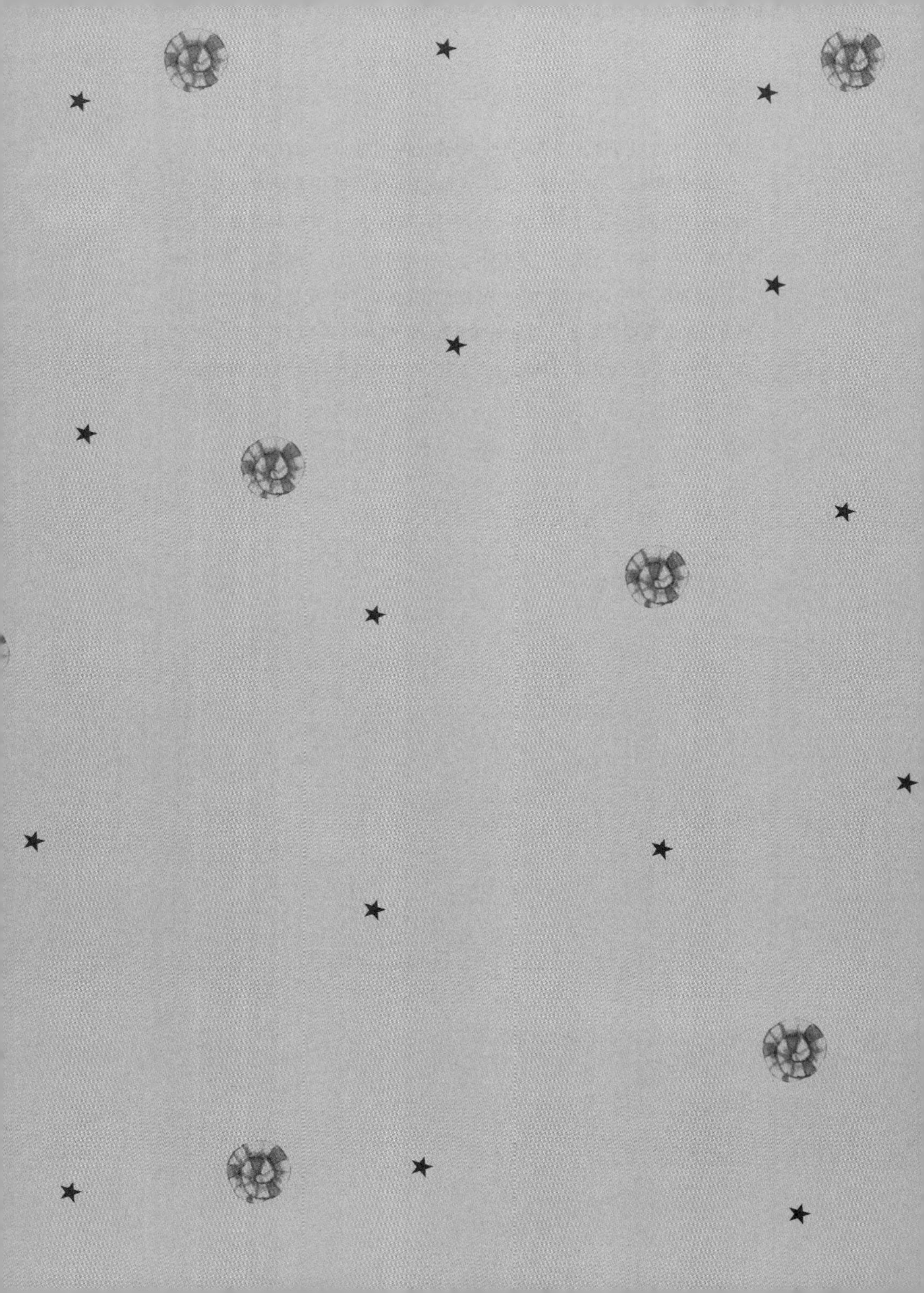

제2부

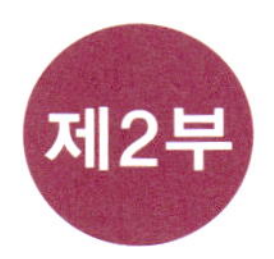

“쥐라기 공룡은 얼마나 클까?”

숫자로 생각하고 말하는 힘을 키운다

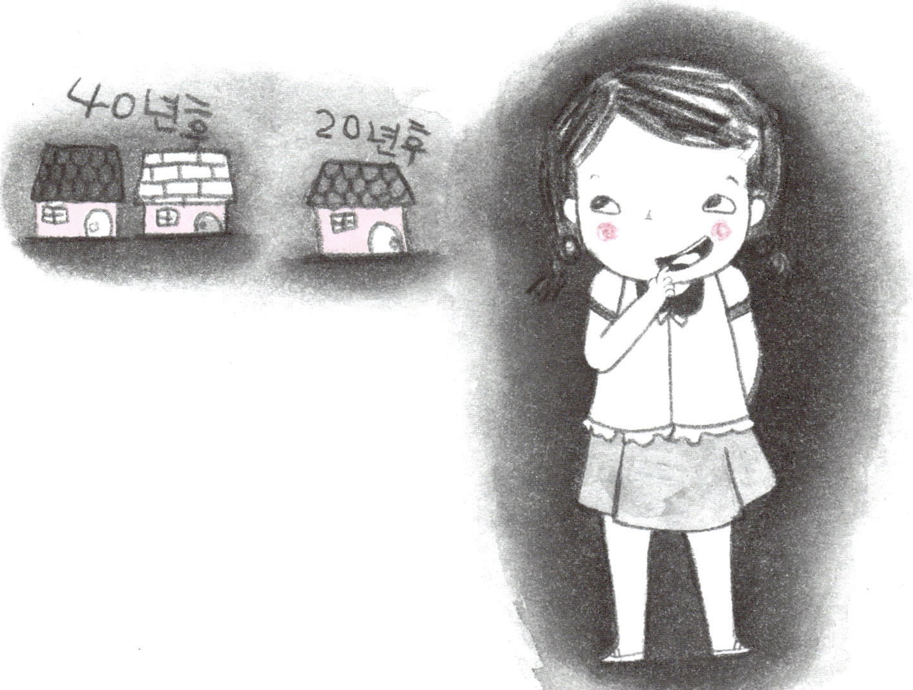

경제학, 경영학에선 '숫자'가 정말 중요합니다. 그래서 최근엔 수학전공자들이 경영 업무에서 두각을 나타내는 경우가 많아졌습니다. 이공계 출신의 최고경영자(CEO)도 급증했고요. 왜일까요? 그것은 바로 숫자가 갖고 있는 명확성 때문입니다. '많다'가 아니라 '1000개가 있다'고 말할 때 개념은 더 확실해지니까요. 경제이론과 경제활동에서 숫자가 갖는 중요성은 참으로 큽니다. 그래서 숫자에 강점이 있는-수학을 잘한다는 뜻이 결코 아닙니다-사람들에 대한 수요가 커지고 있습니다.

내 아이가 제대로 된 독립적인 경제인으로 성장하기 위해선 숫자와 친해져야 합니다. '수학을 잘해야 한다'고 말하려는 게 아닙니다. 계산을 잘하는 능력이 있으면 물론 좋겠지만 지금은 더 포괄적인 개념인 일명 '숫자력'을 길러야 한다는 이야기를 하고 있는 것입니다.

부자들 중에서 학창시절 수학을 잘했던 사람을 찾기란 정말 힘듭니다. 하지만 거의 모든 부자들은 숫자에 대한 개념만큼은 누구도 따라오지 못할 만큼 예리하고 날카롭습니다. 회사생활도 마찬가지입니다. 아무리 일을 열심히 해도 매번 통계 수치를 틀리게 말하는 직원에게 절대로 '일 잘한다'고 평가하지 않습니다.

숫자력을 잘 활용하면 숫자가 갖는 명확함 때문에 논리력도 함께 길러지게 됩니다. '논리'란 게 무엇인가요? 바로 현실의 사건을 통해 과거를 추리해내고, 또 미래를 예측하고, 그 원인과 결과를 파악하는 것입니다. 그런데 이때 가장 중요한 것은 바로 현 상황에 대한 정확한 파악입니다. 현 상태를 정확하게 표현하거나, 파악하지 못하면 이것을 바탕으로 펼쳐지는 그 어떤 논리도 궤변일 수밖에 없죠. 그런데 숫자는 바로 이 현실을 정확하게 파악하게 해주는 역할을 합니다. 이뿐만이 아닙니다. 무엇보다도 숫자관념은 '계획성'이라는 중요한 경제생활습관으로 이어지기 때문에 어린 시절 반드시 습득해야 합니다. 하나의 '능력'이라고 해도 과언이 아닙니다.

이처럼 숫자를 정확히 이해하고 활용하는 능력은 한 개인의 인생 전반에 걸친 경제생활에 걸쳐 중요한 역할을 합니다. 그래서 수많은 경제학자뿐 아니라 교육학자, 사회학자, 심리학자, 수학자 등 다양한 분야의 전문가들이 자녀교육에 있어 한 목소리로 '숫자관념'의 중요성을 강조하고 있습니다.

그렇다면 숫자관념은 어떻게 길러줘야 할까요? 제 친구 중에 귀신처럼 숫자를 잘 외우는 녀석이 있습니다. 중요한 사업파트너와 명함을 주고받을 때면 그 즉시 핸드폰 번호를 암기할 정도고, 자동차 번호나 상대방 사무실 층수 등도 딱 한번에 외워버립니다. 숫자 암기에 관해서는 거의 자동이죠.

나중에 들은 이야기인데 어린 시절 형사 출신이었던 아버지의 영향이 컸다고 합니다. 당시 아버지는 아들과 함께 있을 때면 별 생각없이 숫자 외우기 게임을 했다는데 이때 익힌 버릇이 성장해서 아예 '능력'이 돼버렸다는 이야기입니다.

한때 초등학교 아이들 사이에서 '19단 외우기'가 큰 유행이었습니다. 구구단이 아닌 '19 곱하기 19까지' 19단을 외우는 인도초등학생이 수학을 잘하기 때문에 이를 본받자는 취지였죠. 분초를 다투는 수학문제 풀이에서 이 정도까지 외워두면 얼마나 많은 시간절약을 할 수 있을까 하는 부모님의 열성도 한몫 하면서 '19단 외우기'는 선풍적인 인기를 끌었습니다.

하지만 숫자관념 익히기에 대해 부모들이 명심해야 할 부분이 있습니다. 전화번호를 줄줄 외운다거나 18 곱하기 12가 얼마인지를 즉답하는 암기력이 숫자력의 근간이긴 하지만 전부는 아니라는 점입니다. 아이에게 정말 필요한 숫자력은 좀 더 높은 차원의 문제입니다. 바로 '형상화'하는 능력입니다.

예를 들어 아이가 '1평=3.3㎡'라는 도량형을 외우는 데서 한발 더 나가 그 크기에 대해 구체적으로 형상화(이미지화)할 수 있어야 합니다. 엄마의 생년월일을 암기시키는 데 그치지 않고 그 시기가 한 달, 일주일 앞으로 다가옴에 따라 거기에 맞는 준비를 할 수 있어야 한다는 뜻입니다. 그래야만 비로소 숫자력과 숫자관념이 내 아이가 제대로 된 '경제인'으로 성장하는데 필요한 힘이 됩니다.

자, 그럼 지금부터 내 아이에게 이런 쓸모 있는 숫자력을 길러주기 위한 4가지 단계를 소개해봅니다. 1단계는 암기입니다. 무조건 달달 외우라는 뜻은 아니고, 일상에 필요한 숫자들을 자연스럽게 외워버리는 습관입니다. 이 과정을 거치고 나면 이제 가짓수를 생각해보는 2단계로 나아가야 합니다. 이런 문제 생각나시죠? '영희가 외할머니 집에 가는 방법은 모두 몇 가지가 있을까요?' 같은 질문 형태 말입니다. 일상에 존재하는 많은 문제와 또 이를 해결하는 해법에 대한 가짓수를 하나씩 하나씩 따져보는 훈련입니다.

3단계는 문자화되어 있는 숫자를 이미지로 연상시키는 연습입니다. '100미터 달리기' 라고 했을 때 100미터라는 길이를 구체적인 형상으로 인식하는 것입니다. 자신이 달렸던 운동장 100미터 거리를 이미지로 기억한 아이는 200미터, 500미터란 숫자는 더 이상 숫자가 아닙니다. 그것은 바로 형상이 됩니다.

마지막 단계는 바로 숫자로 말하는 훈련입니다. 대화 속에 정확한 숫자를 집어넣어 이야기하는 것이죠. "엄마, 사람들 많이 모였대."가 아니라 "이번에 300명이나 등록했어요."라고 말할 수 있도록 아이를 이끌어주는 것입니다. 이처럼 숫자로 말하기가 익숙하게 되면 단지 경제력뿐 아니라 인생 전반에 걸쳐 꽤 많은 보너스를 받을 수 있을 것입니다. 특히 이번 숫자력은 빠르면 5~6살부터 익혀줘도 될 만큼 조기교육이 필요한 부분이라는 것을 명심하세요.

일상에 존재하는 숫자를 암기하자

숫자력을 기르는 첫 단계는 바로 암기입니다. 쉽게 말해 '외울 건 정확히 외우게 하자' 라는 취지이죠. 가장 낮은 차원의 문제이지만 반드시 익히고 넘어가야 하는 과정이기도 합니다. 숫자를 암기하는 데 익숙하게 되면 아이 주변에서 숫자로 펼쳐지는 상황들에 대해 명확하게 인식하고 말할 줄 아는 능력이 길러지기 때문이죠. 그래서 숫자 암기는 숫자력 향상에 있어 기초적인 능력이라고 할 수 있습니다.

게임 팩 한 개 가격이 9500원인지 9600원인지를 명확히 하고, 1주일간 자신이 빵 사먹는 데 지출한 돈이 3500원인지 3800원인지를 기억해야 합니다. 그리고 집 전화 번호, 엄마 핸드폰 번호, 아빠 차 번호 등 중요한 숫자를 명확하게 암기시켜야 합니다.

앞서 말한 형사 아빠처럼 아이와 함께 게임을 하면서 암기하는 능력을 길러주면 효과는 더욱 커질 겁니다. 가령 백화점 주차장에서 아들과 "우리 차가 주차되어있는 장소는 어디지?" "지하 3층 F 106이요." 등과 같은 대화를 나눠보세요. 아예 자동차 주차 위치를 파악하는 역할을 아이에게 전담시키는 것도 좋습니다.

일상에 존재하는 숫자를 암기한다는 것, 절대 무시할 능력이 아닙니다. 어른 중에서도 그렇게 자주 버스를 타고 다니면서도 서울 시청에서 신촌 가는 버스가 몇 번인지 외우지 못하는 사람이 많습니다. 그냥 귀찮아서 택시를 타기도 하구요. 또 자신이 얼마에, 몇 주의 주식을, 언제 매수했는지도 이틀만 지나면 쉽게 잊어버리고 말죠. 이걸 모르는데 수익률 계산을 어떻게 제대로 할 수 있겠습니까. 그렇기 때문에 어려서부터 훈련을 시켜야 합니다.

그런데 아이에게 숫자 암기를 가르친다는 것은 꽤 어려운 일입니다. 재미로 시작해 습관으로 굳어지면 좋지만 그래도 '암기'라는 자체는 힘든 게 사실입니다. 그래서 여기서 잠깐 '숫자 연상 기법'이란 암기방식을 소개해볼까 합니다. 꼭 이대로 따라 하라는 건 아니지만 어릴 때 한 번 습득하게 되면 숫자 암기에 꽤 효과적입니다.

★ 숫자와 한글 연상법 ★

1 - ㄱ, ㄲ, ㅋ	2 - ㄴ	3 - ㄷ, ㄸ, ㅌ
4 - ㄹ	5 - ㅁ	6 - ㅂ, ㅃ, ㅍ
7 - ㅅ, ㅆ	8 - ㅇ	9 - ㅈ, ㅉ, ㅊ
0 - ㅎ		

일단 이 '숫자-한글' 조합을 머릿속에 넣어두도록 합니다. 마치 핸드폰 기판에 숫자와 한글, 영어가 함께 기록되어 있는 것처럼 0~9와 여기에 맞춰 한글 자음을 연결해서 외웁니다. 다 외웠나요? 그럼 다 됐습니다. 이제 아이가 이번 달 학원에서 본 국어시험 점수가 82점이라고 할게요. 그럼 8에 대한 자음 ㅇ 과 2에 대한 자음 ㄴ을 연결시킨 후 '언니'라는 단어로 기억하면 됩니다.

또한 친구 아파트 주소가 306호라고 하면 '단(3)호(0)박(6)'으로 외우고요. 이 연상기법을 활용하면 자동차 번호나 연도도 제법 편하게 암기할 수도 있습니다. '86 카 7839'라고 하면 ㅇ-ㅂ-ㅅ-ㅇ-ㄷ-ㅈ'인데요. 이럴 땐 '오빠 싸움 대장'과 같은 식으로 낱말을 만들어 기억하면 꽤 실용적이랍니다.

이처럼 숫자력을 키우는 1단계 과정인 외울 것은 외워버리는 연습을 충분히 하게 되면 한 가지 긍정적인 보너스 효과를 얻을 수 있습니다. 바로 숫자에 대한 거부감을 없애주는 것입니다. 숫자에 대해 별 반감 없이 관심을 갖게 되는 것이죠. 혹시 아이가 산수나 수학도 좋아하게 되는 '보너스(?)'도 함께 얻을지도 모르겠습니다.

정말 많은 부모들이 아이 교육비로 허리가 휜다. 아니, 휘다 못해 부러질 정도다. 그러나 이런 현실 속에서 부모들은 체계적인 계획 대신 순간 순간의 단기 대응으로 맞서는 경향이 많다. 가령 유치원 교육비는 얼마나 드는지, 영어유치원에 보낼 경우는 얼마를 준비해야 하는지, 고등학교까지 드는 돈은 얼마가 될지, 대학등록금은 또 얼마인지 구체적으로 알아보려고 하지 않는다. 이 또한 부모의 숫자력 부족의 결과가 아닐까 생각해본다.

교육과학기술부가 제출한 국감자료(2008년 기준)에 따르면 일반 유치원 교육비는 월 평균 24만 원으로 조사됐다. 결국 5살부터 아이를 유치원에 보낸다면 초등학교 입학 전까지 3년간 '평균적으로' 그리고 '교육비로만' 년간 300만 원(물가상승률 제외)을 준비하고 있어야 한다. 그런데 만약 아이를 영어유치원에 보낸다면 사정은 달라진다. 영어유치원의 월평균 교육비는 72만 원(전국 기준)으로 일반 유치원 교육비에 비해 3배나 비싸기 때문이다. 이 경우라면 연간 900만 원 정도가 아이 교육비로 들어가게 된다. 엄청난 수준이다.

초등학교, 중학교는 의무교육이라고 하지만 이는 돈이 전혀 들지 않는다는 뜻이 아니다. 사교육비를 고려하면 비용은 상당하다. 한국보건사회연구원에 따르면 2007년 기준 초등학생 경우 사교육비를 포함해 월 평균 43만 원, 중학생은 50만 원을 지출하고 있는 것으로 나타났다. 아이를 초등학교에 보낸 후 중학교를 졸업할 때까지 9년 동안 아이 교육비로만 매년 560만 원 정도를 할애해야 한다는 이야기다.

고등학교부터는 사교육비 수준이 천차만별이라 통계가 의미가 없다. 다만 "우리 아이는 학교만 다니게 할 거야."라고 할 경우 '공교육비' 수준은 다음과 같다. 교육과학기술부에 따르면 우리나라 고등학교 공교육비(2008년 기준)는 일반계고가 연간 258만 원, 전문계고가 166만 원으로 조사됐다. 그런데 최근 이슈로 떠오른 특목고 경우엔 592만 원이 필요하고, 자사고의 경우엔 611만 원의 비용이 필요하다. 앞서 말했듯 이 비용은 사교육비를 제외한 수준이다. 만약 일반 고등학교에 다니는 아이에게 월 평균 50만 원을 학원비(사교육비)를 지출한다고 가정해보면 연간 비용은 약 860만 원이 든다.

이 뿐만이 아니다. 아이가 대학에 입학해도 교육비 부담은 끝까지 따라온다. 2009년 발표된 'OECD 교육지표'에 따르면 국내 국공립대학의 연평균 등록금은 4717달러, 사립대학 등록금은 8519달러로 세계 최고 수준이다. 원/달러 환율 1100원으로만 계산해도 국공립대학은 연간 520만 원, 사립대학은 940만 원이 등록금으로만 필요하다. 특히 교육비는 그 상승률이 평균 물가상승률의 2배에 달하는 5~7% 수준이다. 그래서 앞서 설명한 부담은 매년 최대 7% 만큼 커진다고 볼 수 있다. 부모의 소득으로 본 교육비 지출 통계도 있다. 통계청에 따르면 대한민국 소득기준(2009년 2분기 기준) 상위 20% 계층은 교육비로 월평균 44만 8922원으로 지출한 것으로 조사됐다. 또한 중산층에 속하는 소득상위 21~40% 계층은 34만 1486원이었다. 반면 소득하위 20% 계층의 월평균 9만 5254원이었다. 이를 각각 년 비용으로 환산하면 각각 540만 원, 410만 원, 115만 원이다. 예를 들어 2명의 자녀를 둔 중산층 가장의 경우 년간 800만 원이 넘는 돈을 아이 교육비로만 준비해야 한다는 결론이 나온다. 이런 엄청난 부담으로 인해 부모들의 '노후재테크'나 '은퇴설계'는 뒷전으로 밀릴 수밖에 없는 현실이다.

재테크 전문가들은 기본적으로 교육비를 포기할 수 없다면 자녀가 대학을 졸업할 때까지 교육비 포트폴리오를 짜라고 조언한다. 구체적으로는 1년 비용 계획을 세우고, 5년, 10년 순으로 범위를 넓혀 자녀 교육비 조달 및 지출계획을 수립하라는 뜻이다. 그렇지만 이 경우 부모가 반드시 자신만의 특별한 기준을 세워야만 한다. '줏대'라는 표현이 적절할 것 같다. 가령 '자녀 수에 관계없이 아이에게 들어가는 총 교육비는 월 소득의 30%를 넘지 않는다'라던가 '어떤 경우에도 학원비로 월 30만 원 이상 쓰지 않는다', '고등학교에 입학하면 사교육비를 절반으로 줄인다' 등 자신의 상황에 맞는 원칙이 있어야 한다는 뜻이다. 이런 원칙이 없으면 교육비 포트폴리오 수립 계획이라는 자체가 의미가 없어진다.

특히 아이가 12살을 넘어서게 되면 "우리 가정 형편에 얼마 이상의 교육비 지출은 힘들다."고 말해주는 게 낫다. 이럴 때 아이가 열등감에 빠지거나 자신감을 잃어버리지 않을 까 걱정하는 부모가 많다. 하지만 소득에 맞춰 생활하는 것은 전혀 부끄러운 일이 아니다. 자신감을 잃어버릴 이유도 없다. 어쩌면 우리가 아이에게 12살 이전에 좋은 경제습관을 익히게 하려는 것도 이런 생활 자세를 갖게 하려는 것일지도 모르겠다.

확률의 개념을 익혀라

기본적인 숫자에 대한 암기 훈련을 마치고 나면 이제 '확률'에 대한 개념을 인식하고 이를 활용하는 과정이 필요합니다. '확률'이라고 하니까 이야기가 약간 거창해지려고 하는데요, 전혀 그렇지 않습니다. 지금 말하려고 하는 것은 바로 '경우의 수'에 대한 이야기입니다.

경우의 수는 숫자관념에서 너무도 중요한 개념입니다. 어떤 사건을 해결하는 방법은 모두 몇 가지가 있는지, 또 어떤 일을 하면 잘못될 가능성은 몇 가지가 있는지 등과 같이 어떤 일을 바라볼 때 일어날 수 있는 가짓수를 미리 예측해보는 과정입니다.

예를 들어 '학교 수업을 마치고 집으로 오는 방법(길)은 몇 가지 있을까', '지난주에 아빠는 5일 중 하루만 빨리 퇴근하셨는데 이번 주는 어떻게 될까', '놀이방 버스엔 9명의 친구들이 타는데 가장 예쁜 나영이 옆자리에 앉으려면 얼마나 기다려야 할까' 등처럼 생활 속에서 '가짓수'에 대한 개념을 알려주는 것으로 시작하면 좋을 것 같습니다.

물론 부모님은 매우 귀찮죠. 하지만 귀찮더라도 시작은 부모가 해줘야 합니다. 아이 혼자 이런 생각을 할 수가 없거든요. 처음 길은 부모가 열어줘야 합니다. 하지만 아이들의 뇌 구조는 독특해서 이렇게 몇 번 길을 열어주면, 이런 방식으로 뇌에 주름을 잡아주면, 그 다음부터는 이런 상황에 대처했을 때 비슷한 연상 작용을 할 수 있게 됩니다.

특히, 이처럼 한 가지 사건에 대해 모두 몇 가지 변수(해법)이 존재하는지를 파악하는 능력을 기르게 되면 자연스럽게 확률적 선택을 하는 능력을 기를 수 있게 됩니다. 잘못될 수 있는 가짓수가 5개 있는 것과 2개 밖에 없는 것이 있다면 당연히 후자를 택해야 합니다. 확률적으로 유리하니까요. 하지만 이

런 선택도 어려서부터 '경우의 수'에 대한 개념을 잡지 못하면 성인이 됐다고 해서 할 수 있는 게 아닙니다.

'선택과 집중'도 확률 개념에서 시작된다

'재테크'라고 너무 잘 알죠? 돈을 모으는 방법, 그리고 그 행위. 이 재테크라는 것도 전형적인 확률 게임입니다. 특히 '투자'는 전적으로 확률을 기반으로 해서 실행에 옮겨져야 합니다. 혹자는 재테크의 성공을 지식 또는 테크닉이나 행운, 요행 등으로 생각하는 경향이 많은데 절대로 그렇지 않습니다. 확률적으로 분석해 선택해야 성공합니다. 돈을 잃을 경우의 수와 여기에 각각의 기대수익률을 비교해서 가장 덜 실패할 것 같으면서도 나름 수익률도 괜찮은 방법을 골라 시도해야 한다는 것이지요.

그 유명한 '포트폴리오' 알죠? '달걀을 한 바구니에 담지 말라'는 것 말입니다. 이것도 확률적 선택입니다. '높은 위험-높은 수익', '낮은 위험-낮은 수익', '중간 정도의 위험-중간 정도의 수익' 등을 기대할 수 있는 재테크 상품을 골고루 시도하면 그만큼 확률적으로 성공할 가능성이 높아지고, 실패할 가능성은 낮아진다는 이론입니다.

특히 이런 '경우의 수'와 '확률'에 대한 개념을 일찍부터 습득하고 생활 속에 적용하게 되면 우리 인생에서 꼭 필요한 '선택과 집중'을 몸으로 익히게 됩니다. "내가 원하는 것을 하기 위해선 딱 3개의 문제가 있다, 그러니까 이 문제들만 하나씩 해결하면 된다."는 식으로 생각할 수도 있고요, 반대로 "이 일은 꼭 하고는 싶지만 변수가 50가지가 넘는다, 아쉽지만 포기하는 게 좋겠다."는 쪽으로 빠른 결단을 내릴 수가 있는 것이지요.

확률적으로 도전하자

6~7살 아이라면 동전이나 주사위를 가지고 '경우의 수'에 대한 개념을 심어주면 좋습니다. 아이에게 "동전을 던졌을 때 앞면이 나오게 하려면 적어도 몇 번 이상은 던져야 할까?"라는 물음을 던진 후 연습장에다 각 결과를 적어가면서 함께 놀아보세요.

주사위도 마찬가지입니다. "주사위에는 1부터 6까지 6개가 번호가 있잖아. 그런데 주사위를 던져서 이중 3번이 나오게 하려면 몇 번쯤 던져야 할까?"라는 물음을 던진 후 아이와 함께 계속해서 주사위를 던져보세요.

★ 주사위 던지기 놀이 ★

1회 2회 3회 4회 5회 6회 / 7회 8회 9회 10회 11회 12회 / 13회 14회 15회 16회 17회 18회 / 19회 ……

2 6 5 3 1 6 / 4 4 2 6 3 1 / 4 2 2 5 6 3 / 3 ……

이렇게 주사위를 20회 이상 던진 후 아이와 함께 적어놓았던 연습장을 함께 보는 겁니다. 그리고는 "어쩔 땐 연달아서 3이 나오기도 하지만 어쩔 땐 6번을 던져도 안 나올 때가 있네. 그러고 보니까 아주 확실하게 3이 나오게 하려면 6번 이상은 주사위를 던져야 하겠구나."라는 결론을 함께 이끌어내는 것이죠.

이때 포인트는 무엇을 확실하게 얻어내려면 확률적으로 몇 번 이상은 노력해야 한다는 것을 아이 의식 속에 심어주는 것입니다. 그리고 그렇게까지 해봤는데 안 됐을 경우에만 비로소 '포기'라는 것을 생각해야 한다는 것을 알게 해주는 것이고요. 이것이 바로 '확률적 삶'의 기본이 됩니다.

4학년 초등학생 아이 중에서 '확률에 맞춰 숙제를 한다'는 녀석을 본 적이 있습니다. 사연인 즉 자기 선생님은 숙제 검사를 설렁설렁 하는 편이라 숙제를 안 해가도 걸리지 않을 때가 있다는 것입니다. 그래도 이 아이는 그간 경험으로 봤을 때 5번을 연속으로 숙제를 안 했을 경우엔 반드시 걸렸다고 합니다. 그래서 이 녀석은 한 3~4번 정도 숙제를 안 해가다가도 그 다음엔 아주 '열심히(?)'를 숙제를 한답니다. 이런 것도 확률 개념을 이해한 행동이라고 할 수 있냐고요? 글쎄요, 그건 잘 모르겠지만 기특하지 않습니까? 5번에 1번은 숙제를 한다는 게 말입니다.

숫자를 형상화시켜라

숫자관념과 관련된 최고봉은 바로 형상화 또는 이미지화 단계입니다. 내 아이가 독립적인 경제인, 멋진 생활인으로 성장할 수 있는데 정말로 중요한 능력이죠. 늦어도 13~14살 이전에 이런 숫자 형상화 능력을 갖춰야 합니다.

특히 학교에서 도량형을 본격적으로 배우기 시작하면 부모는 가정에서 아이에게 이 도량형을 실전에서 사용할 수 있도록 도와줘야 합니다. 물론 고등학생, 대학생이 돼서, 아니 성인이 돼서도 의도적으로 학습하고 연습할 수 있습니다. 하지만 효율성 측면에서 어릴 때 학습해두면 더 유리합니다.

그런데 '숫자의 형상화'라는 게 무엇이냐고요? 쉽게 말해서 이런 겁니다. '길이가 15미터'라고 할 때 그 길이에 대한 실제 거리감을 몸으로 체득하는 것입니다. 또한 '1억 원'이라는 돈의 수치를 말할 때 그 규모에 대한 감을 자신의 방식대로 인식하는 것이고요, 33

평(111m²) 이라고 할 때 그 크기를 수치가 아닌 '실체'로 파악하는 능력입니다. 이 능력은 단순 계산능력보다 훨씬 더 중요한 역할을 합니다. 숫자라는 기호로 표현된 현상을 구체적으로 파악할 수 있어야만 목표를 더 효과적으로 달성할 수 있기 때문입니다.

혹시 비만 클리닉에 가 보셨나요? 거의 10곳 중 9곳에서는 의사 선생님 바로 앞자리에 1kg짜리 누런 지방덩어리 모형을 비치해두고 있습니다. 그리고는 대화 도중 의사 선생님은 그 모형을 집어 들고는 이렇게 말합니다.

"먼저 5kg 감량을 목표로 시작해봅시다. 이런 지방덩어리 5개가 몸에서 빠져나가는 겁니다. 아시겠죠?"

다이어트를 하려는 사람에게는 5kg라는 숫자보다 그 흉물스런 지방덩어리 5개가 더 와 닿습니다. 당연히 다이어트에 도전하는 열망과 노력도 그만큼 더 커지

겠죠. 이처럼 형상화되고, 구체화될수록 실행에 옮기기 쉽고, 실행에 옮길 수 있다면 그만큼 목표 달성의 확률도 높아지는 것입니다.

일반적으로 초등학교 1학년(8살) 1학기가 되면 길이, 높이, 들이(부피), 무게, 넓이 등을 비교하는 학습을 하게 됩니다. '크다', '작다', '높다', '깊다', '좁다', '무겁다' 등의 개념을 익히는 것이죠. 이 시기엔 주로 실생활 속에서 이런 개념을 형상화시켜주는 게 좋습니다.

예를 들어 아이의 양팔을 벌리게 해 한 폭, 두 폭, 세 폭……여섯 폭 등과 같은 식으로 한 쪽 벽의 길이를 재어보게 하는 것이죠. 그리고는 또 다른 공간에 갔을 때 다시 한 번 비슷한 방식으로 길이를 재어보게 한 후 비교하게 만드는 겁니다. 아이 자신이 양팔을 벌려서 여섯 폭에 해당하는 길이(크기)와 여덟 폭이 되는 길이를 비교해 어느 쪽 벽이 더 긴지, 길면 얼마나 더 긴 지를 실질적으로 체득하게 만드는 것이죠.

6층 이하의 건물은 아이와 직접 걸어 올라가 보세요. 2층, 3층, 5층, 6층 등을 걸어 올라가 보면서, 얼마나 힘들다는 개념으로 '높다' 라는 높이를 인식하는 방법입니다. 단순히 '높다' 라는 추상적 개념에서 한 걸음 더 나아가 "엄마, 그곳 있잖아. 우리 아파트 3층만큼 높아."라는 식으로 아이가 구체적인 실체를 말할 수 있어야 합니다.

10살부터는 미터법을 형상화하라

초등학교 3학년이 되면 아이는 본격적인 미터법과 도량형에 대해 배우게 됩니다. 이처럼 아이가 구체적인 수치를 갖고 사물을 표현할 줄 알게 되면 더 많은 연습이 필요합니다.

"쥐라기 공룡이 참 크다."라고 말한다면 "얼마나 큰데? 5미터, 10미터, 20미터?" 같은 질문을 던져서 크기를 숫자로 해석하게 만들어야 합니다. 종종 책을 통해서 수치를 암기하는 아이가 있습니다. "응. 쥐라기 공룡은 키가 10미터나 된데."라고 말하는 아이가 있지요. 이럴 경우엔 이제 아이에게 10미터가 얼마나 큰지를 구체화시켜줘야 합니다. 가령 아파트 앞에 서서 "영준아, 여기 1층에서부터 저기 2층 윗부분 있지 그게 5미터야. 그러니까 4층까지면 10미터가 되겠네. 와, 그러니까 쥐라기 공룡은 저만큼 키가 컸구나."라는 형상화 작업이 바로 이어져야 합니다. 그렇게 몇 번씩 미터법을 형상화시키면 길이에 대해서는 아주 친숙하게 될 것입니다.

'미국 항공모함 크기는 길이 360m, 폭 92m에 면적 1만 8211㎡나 됩니다' 라는 식의 글을 읽게 될 때면 꼭 아이에게 "이게 얼마나 큰 걸까?"라고 물어보면서 형상화를 유도해주세요. 그리고는 "지난주 아빠랑 축구장 갔었지? 그 축구장을 3개 합친 거랑 똑같대. 진짜로 어마어마하지?"하면서 아이가 체험했던 공간개념으로 해석해주면 좋습니다.

분량을 형상화시키기

5ml, 10ml, 15ml가 얼마나 되는 양인지 아십니까. 어른들도 확 떠오르지 않는데 아이들은 말할 것도 없죠. 이럴 때는 약국에 가서 가장 큰 투명한 약통을 하나 달라고 해보세요. 그럼 거기에 눈금이 잘 나와 있을 겁니다. 이걸 갖고 아이에게 ml에 대한 개념을 잡게 하면 효과가 매우 좋습니다. 아예 감기약을 먹이면서 교육해도 좋고요.

돈에 대한 형상화 연습

돈과 관련된 숫자관념도 마찬가지입니다. 혹시 "올 설날엔 세뱃돈으로 100만 원 받을래요." 라고 말하는 아이에게 "너가 드디어 미쳤구나." 혹은 "100만 원이 뉘 집 강아지 이름이냐?", "여보, 이 녀석 왜 이렇게 됐어? 돈 무서운 줄 몰라." 등과 같은 식으로 다그치기만 하진 않나요? 오히려 이럴 땐 "너 100만 원이 얼마나 많은 돈인 줄 알아?"라고 되물어 보세요. 그리고는 게임팩 80개, 가족 외식 15번 등 그에 상응하는 구체화된 가치를 인식시켜줘야 합니다.

마무리는 연속적인 형상화

마지막으로 연속적인 형상화 작업도 필요합니다. "우리 학교 실험실은 정말로 크다."에서 "우리 학교 강당엔 200명도 들어간다."
로 발전하게 되면, 이 다음엔 200명이란 숫자개념에 대해서 또 한
번 구체화시켜야 합니다.

"그때 아빠 회사 야유회 갔을 때 말이야. 운동장에 아빠 회사사
람들 쭉 서 있었잖아. 그만큼이 200명인데. 그럼 너네 학교 실험실
에는 아빠 회사 사람들이 모두 들어갈 수 있구나?"라는 식으로 계
속적인 구체화 작업을 이어나가면 됩니다. 만약 내 아이가 이 정도
까지 혼자서 자유자재로 형상화할 수 있다면 정말 금상첨화라고 할
수 있죠.

자녀가 지금 19단을 줄줄 외우고 있다고요? 그럼 이제 거리가
400km나 된다는 부산에 사는 할머니 집이 우리 집에서 얼마나 멀
리 떨어져 있는지를 느끼게 해줄 차례입니다. 그리고 그곳에 갈려
면 얼마나 시간이 걸리는지, 그 시간은 또 얼마나 긴 시간인지를 느
낄 수 있어야 합니다. 그래야 할머니 집에 좀 더 편안한 맘으로, 그
리고 재미있게 놀러 갈 수 있을 테니까요.

숫자로 말하게 하라

혹시 컨설턴트(consultant)란 직업을 아세요? 컨설팅 회사란 말은 많이 들어보셨지요? 이런 회사나 이 직업을 갖고 있는 사람들은 어떤 기업이나 조직이 갖고 있는 문제들을 연구해 그 해결책을 제시해주는 일을 합니다. 그리고 그 대가로 돈을 받죠. 지금 컨설턴트란 직업에 대해 말하려는 건 아니고요, 그들의 '대화법'에 대해서 이야기하려고 합니다.

컨설턴트란 사람들은 처음 회사에 들어갈 때부터 말을 '짧게' 하는 훈련을 합니다. 짧게 한다고 해서 무슨 반말을 하거나 건방지게 한다는 뜻은 아닙니다. 구구절절한 이야기들을 몇 가지 단어로 압축, 요약해서 말한다는 뜻입니다. 가령 이런 식이죠.

"사장 말이 먹혀들지 않습니다. 부장 하는 말이 다르고, 또 과장 하는 말이 또 다르구요. 직원들은 나름 자신들의 의견이 있다는데, 이것이 뭔지를 도대체 알 수가 없네요."

이런 사장의 하소연을 들으면 컨설턴트는 100명이면 100명 모두가 딱 이렇게 말합니다.

"커뮤니케이션(의사소통)의 문제군요."

이뿐만이 아닙니다. 가령 어떤 회사가 좋으니 나쁘니, 역사가 오래됐는지, 직원은 몇 명인데 직업 환경은 어떠하니 등에 대해 10분 이상 설명하지도 않습니다.

"지난해 매출액 2000억 원, 순이익 190억 원. 건설업계 11위의 회사입니다."

이처럼 요약, 압축하고 또 그러면서도 핵심을 놓치지 않고 말하게 되면 자연스럽게 신뢰를 얻게 됩니다. 컨설턴트라는 사람들에게 가장 필요한 덕목이기도 하죠. 아니, 꼭 컨설턴트에게만 필요한 능력이 아닙니다. 이런 형태의 말하기는 회사생활을, 사회생활을 하는 그 누구에게나 필요한 덕목입니다. 그 유명한 미국의 독립선언문을 작성한 미국 3대 대통령 토마스 제퍼슨도 이런 말을 했다고 합니다. '아이의 재능 중 최고 으뜸은 한 단어로 족할 것을 두 단어로 말하지 않는 재능'이라고요.

그런데 이처럼 핵심을 압축해서 말하는 능력의 근간은 바로 '숫자'입니다. 지지부진한 긴 문장을 단박에, 핵심적으로 줄일 수 있는 수단이 바로 '숫자'되는 것이죠.

숫자로 말하는 4가지 훈련

20대 대학생 중에 "전 부자가 될 겁니다."라고 말하는 친구들이 많습니다. 틀렸습니다. 이래가지고서는 절대로 부자가 될 수 없습니다. 차라리 "10억 원을 모을 겁니다." 라고 말해야 하고, 한걸음 더 나아가 "5년에 1억 원을 먼저 모으고, 10년에는 5억 원, 그리고 20년 전후에 10억 원을 모을 겁니다."라는 구체적인 계획을 세워야 돈을 모을 확률은 더 높아지기 때문입니다. 심지어 "평생 남을 도우면서 살겠어."라는 계획도 마찬가지입니다. 개인적으로 이렇게 말하고 다니는 사람치고 실제 행동에 옮기는 사람을 별로 보지 못했습니다. 오히려 "1년에 100만 원은 꼭 기부해야지."라고 목표를 세우는 사람의 실천 가능성이 월등하게 높습니다.

구체적인 숫자를 들이대는 사람의 주장은 훨씬 설득력 있게 들립니다. 숫자를 섞어놓은 분석 앞에선 쉽게 반대를 하기가 어렵습니다. 어떤 목표를 정하고 이를 성취하려는 과정에서도 보다 구체적입니다. 그래서 숫자개념과 관련돼 내 아이에게 반드시 익혀줘야 할 능력은 바로 '숫자로 말하기' 라고 할 수 있습니다.

★ 의도적으로 숫자 넣기 ★

'숫자로 말하기' 를 연습시키는 첫 번째 방법으로는 아이가 말할 때 의도적으로 숫자를 끼워 넣도록 유도하는 것입니다. 가령 "이번 스키 캠프엔 아이들 정말 많이 간데."라고 아이가 말한다면 "몇 명이나 가는데?"라며 숫자를 말하도록 해야 합니다. 그리고는 "성민아, 앞으로는 올 겨울 스키 캠프엔 120명이 참가해요, 라고 말하면 더 정확하겠지. 그치?"라면서 슬쩍 화법을 잡아줄 필요가 있습니다.

혹시 "동물 중에는 치타가 가장 빨라."라고 말한다면 이것 역시 바로잡아줘야 합니다. "치타의 속력은 시속 110km래. 그래서 동물 중 가장 빠른 거야."라고 말하는 것이 더 좋습니다. 그리고 아이가 중학생 정도라면 앞서 말한 것처럼 '시속 110km' 를 구체화시켜 말하는 단계까지 끌어올려야 합니다.

예를 들어 "1시간(3600초)에 110km이니까 1초엔 30m를 달릴 정도로 빠른 거야. '똑딱' 하면 바로 30m 앞에 가 있어."라거나 "치타가 1시간 동안 달리면 우리 집(원주)에서 용평 스키장까지 갈 수 있겠구나."라는 말하기가 이뤄져야 합니다.

둘째는 '대략(about)'이란 단어에 관대해서는 안 됩니다. 예를 들어 "그거 1만 원쯤 할 거야." "일단 5000원만 주세요. 그 정도 하니까."는 식으로 말할 때는 더 정확한 숫자를 말하도록 조언해줘야 합니다.

세상은 그렇게 녹녹하지가 않습니다. 9.99999와 10은 전혀 다른 숫자입니다. 그걸 하루라도 빨리 아이에게 알려줘야 합니다. −50%와 −50.0001%의 차이에 따라 연 20%를 받느냐 −50% 원금손실을 기록하느냐가 갈리기도 합니다. 그래서 지금 "스키캠프 가는데 20만 원쯤 든데요."라고 말하는 자녀가 있다면 정확히 얼마인지를 되물어 스스로 10원 단위까지 알고 있도록 교육시켜야 합니다.

셋째는 아이가 원하는 것을 숫자로 말하도록 해보는 겁니다. 숫자는 목표를 더 뚜렷하게 만들어주는 힘을 갖고 있습니다. 그래서 사회에서 일 잘한다는 사람들은 거의 대부분 구체적인 숫자를 갖고 현재 상황을 파악하고, 또 미래의 목표를 달성해 갑니다. 그렇기 때문에 내 아이에게도 일찍부터 자신이 원하는 것, 목표로 하는 것을 숫자로 정확하게 말하도록 해야 합니다.

오죽 했으면 피터 드러커란 유명한 경영학의 대가도 '목표관리경영(MBO, Management By Objectives)'이란 학설을 통해 숫자의 중요성을 강조했겠습니까. 가령 이런 겁니다. '국민소득 3만 달러'라는 숫자적 목표는 분명 우리나라 국민 전체의 행복이나 부의 균등을 보장해주지는 않습니다. 하지만 분명 의미는 있습니다. 평균적으로 우리나라 국민이 연봉 3500만 원을 받는다면 그만큼 더 풍요로워지고 더 나은 삶의 기반이 만들어질 수 있으니까요. 그래서 한 국가가 경제목표를 세울 때는 "모든 국민이 부자 됩시다!"라는 추상적 개념 대신 "국민소득 3만 달러를 만들자!"라고 하는 겁니다. 이렇게 숫자로 된 구체적인 목표를 세워야 그 본래 목적을 비슷하게라도 이뤄낼 수 있기 때문이다. 그것이 바로 MBO의 장점인 것이고, 바로 숫자의 힘이기도 합니다.

당연히 "용돈 올려주세요."라는 말은 안 됩니다. 중학생이라면 "용돈 10% 올려주세요."라고 말해야 하며 초등학생이면 "매주 2000원씩 더 주세요."라고 해야 합니다.

마찬가지로 부모가 아이에게 "성적 좀 올려라, 응?" 하고 다그치는 자체가 난센스입니다. 엄밀히 말해 부정확한 말이니까요. "이번 중간고사엔 반에서 10등만 올리고, 그리고 기말고사 때는 거기서 딱 5등만 더 올려보자."는 식으로 숫자로서 목표를 명확히 해줘야 합니다. 그래야 아이들도 자신이 뭘 할지를 알고 노력할 수 있습니다. 어렵지 않습니다. 대단한 지옥훈련이 필요한 것도 아닙니다. 앞에서 말했듯 한번 습관화되어 몸에 배면 그 다음부터는 자동입니다. 아직 아이들이기 때문에 그렇습니다.

★ 다양한 숫자를 함께 이야기하기 ★

넷째는 책이나 신문에 나온 다양한 숫자-엄밀히 말해 그 숫자가 나온 개념입니다-들을 놓고 그 의미에 대해 아이와 함께 토론해보는 시간을 갖도록 해야 합니다. 왜냐하면 그 숫자 개념들을 정확히 알고 있어야 자신도 나중에 그것을 적용할 수 있기 때문입니다.

가령 환율, 국민소득(GNP), 경제성장률, 종합주가지수(KOSOPI), 인구밀도, 집값 상승률, 증가율, 증감율, 연체율 등 숫자로 표현된 수많은 개념들이 연일 뉴스를 채우고 있습니다. 그런데 신문에서 '경제성장률 5%'라는 단어는 편하게 읽지만 막상 그게 무엇을 의미하는 것인지는 정확하게 알지 못합니다. 이처럼 숫자로 나타나는 개념들의 의미를 파악하지 못하면 이것은 그 어디에도 의미를 갖지 못하는 공허한 숫자에 불과해집니다.

물론 부모들이 아이를 놓고 이런 개념 하나하나를 짚어가며 설명해주는 것이 현실적으로 어렵습니다. 하지만 적어도 아이가 질문을 했을 때는 비교적 쉽게, 차근차근 이야기해주세요. 그럼 이제 아이의 숫자력 발달에서 한 걸음 더 나가 자연스럽게 금융지식이 쌓이는 것을 느끼게 될 것입니다.

요즘 초등학생 아이를 둔 부모를 공포에 떨게 만드는 것이 있다. 바로 'ADHD(Attention Deficit Hyperactivity Disorder, 주의력 결핍 과잉 행동 장애)' 다. 학부모 3명 이상만 모이면 꼭 여기에 대해 이야기를 하고, 웬만한 육아 지침서에선 이 장애에 대한 설명으로 가득 차 있다. 예를 들어 "우리 아이 5분을 앉아있지 못하는 데 ADHD 아니야?"라는 식이다(일반적으로 5세까지 집중력 유지 시간은 7분~14분이며 12살까지 끄준히 늘어나 30~35분으로 유지된다).

ADHD가 무엇보다 두려운 것은 일단 그 발생 이유에 대해 명확하게 밝혀진 것이 없고, 그 치료 방법에 있어서도 이거다 하는 것이 없다는 데 있다. 임신 중 엄마가 약물, 방부제, 단것 등을 많이 섭취했거나 유해 물질에 노출돼 생겼다는 의견도 있지만 확실하지 않고 중추 신경계의 기능 장애가 원인이라고도 하지만 논쟁의 여지는 많다. 일단 학계에선 대뇌 전두엽 기능이 저하돼 신경전달물질(도파민, 노에피네프린)의 불균형이라고 파악되고 있다. 치료방법은 약물치료, 정신치료, 행동치료, 상담치료, 식이요법 등 다양하지만 다양한만큼 확실하게 뚜렷한 효과를 얻어낼 수 없다. 한때 약물치료제인 '리탈린' 이 ADHD의 치료에 효과가 있다고 해서 인기를 끌었지만 최근에는 "강한 중독성 때문에 영구적인 뇌 손상을 입힐 수 있다"는 반발과 함께 유기농 식이요법이 등장하는 등 ADHD에 대한 논란은 더욱 커지고 있다. 그래서 약물치료법, 정신치료법, 인자-행동치료법, 상담치료법, 교육치료법 등 다양한 치료법들이 병행해 구사되고 있는 현실이다.

ADHD로 진단된 아이들은 대부분 집중력이 떨어지고, 충동적이며, 기억력 저하로 인해 읽기 셈하기 등 학습능력과 언어능력이 뒤처진다. 또한 절제가 부족하며, 끈기가 없고, 쉽게 화를 내며, 기분 변화가 심해 행동을 예측하기 어렵다. 규칙을 지키지 못하며, 잘 끼어들고, 야단을 쳐도 금방 잊어버린다. 종종 공격적 성향을 나타내기도 한다. 하지만 ADHD도 게임을 할 때는 장시간 집중하는 등 증상이 다양하기 때문에 반드시 전문가의 체계적인 진단이 필요하다고 할 수 있다. 현재 일반적으로 학급당(30명 기준) 2~3 명 정도가 ADHD를 겪고 있다고 파악되고 있다. 특히 ADHD를 겪고 있는 아이들 중 상당수는 집중력과 관련된 숫자 외우기나 계산능력, 기호 파악 및 응용력, 바꿔 쓰기 등에서 저조한 수행능력을 보이는 '산술장애'를 겪게 된다. '산술장애'는 처음 산수를 접하는 6~12세 사이에 주로 발견되는데 덧셈·곱셈을 할 때 손가락을 사용하고, 뺄셈을 할 때 두 자리 수 경우 '빌려주기'의 개념을 잘 이해하지 못하며, '5+3'과 '3+5'가 같다는 사실을 잘 이해하지 못하는 식의 특징을 보인다. 당연히 앞서 우리가 살펴본 '숫자력'을 갖추지도 못한다.

그래서 아이에게 숫자를 통해서 개념을 구체화시키는 연습 과정에서 아이가 많이 힘들어하거나 기대 이하의 저조한 수행능력을 나타내면 산술장애나 ADHD에 대해 한 번 고민해볼 수도 있다. 반면 숫자를 잘 기억하고, 수가 의미하는 개념을 구체화시키고, 숫자를 이용해 말할 수 있는 연습에서 탁월한 개선을 보인다면 최소한 산술장애나 ADHD에 대한 우려는 하지 않아도 될 것 같다. 흥미유발을 위해 10세 미만의 아이에게는 보드게임이나, 기억력 카드 게임, 낱말이나 짧은 문장을 거꾸로 말하는 게임 등을 통해서 아이에게 숫자력을 길러주는 것도 한 방법이 될 수 있겠다.

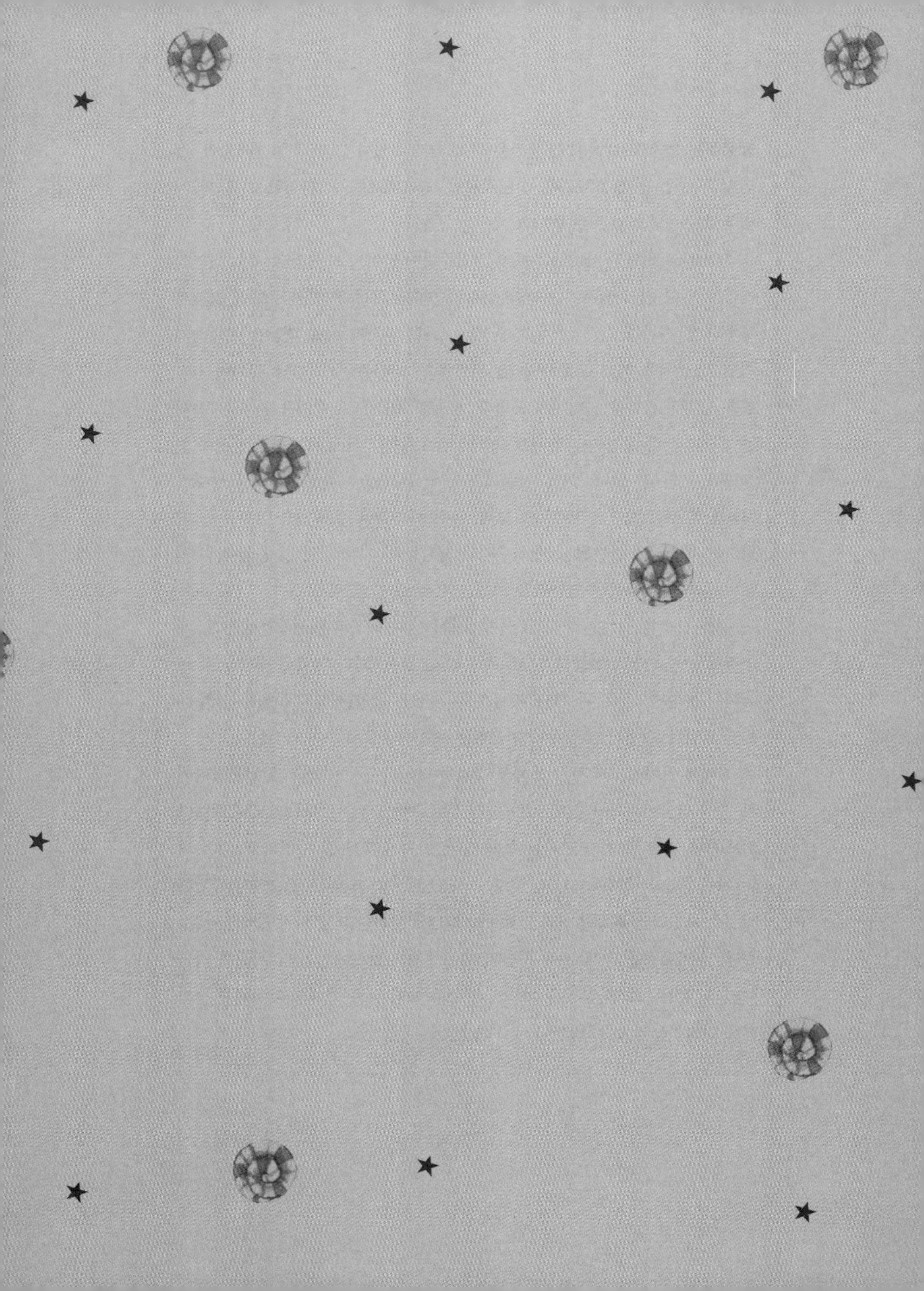

제3부

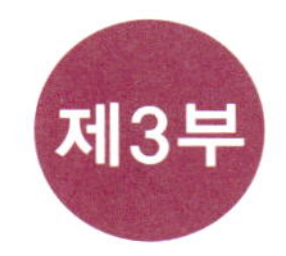

"너 정말 부자가 되고 싶니?"

돈을 컨트롤하는 능력을 키운다

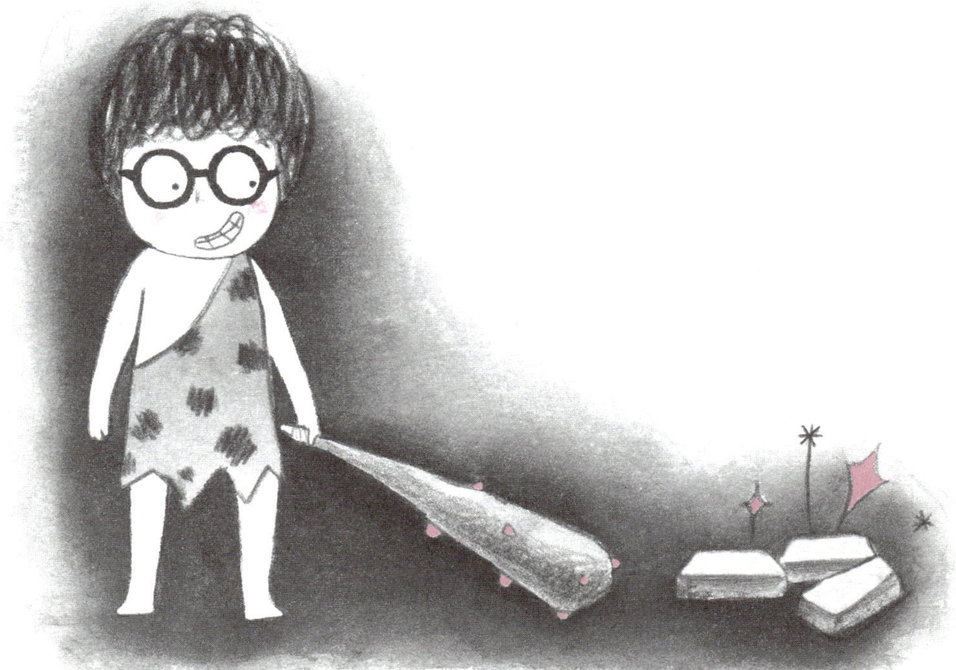

결국은 돈입니다. 인정하고 싶지 않고, 인정할 수 없어도 결국 돈으로 결론이 나 버립니다. 아이에게 경제습관을 들이는 것도, 그 어려운 금융지식을 가르치는 것도 결국엔 '돈'과 관련이 있습니다. 아예 일부 경제교육 전문가들은 '어린이 경제' 등과 같은 모호한 개념 대신 '돈 교육을 시켜라'고 직설적인 화법을 쓸 정도이니까요. 괜히 고상한 척 하지 말고 그냥 편하게 맘을 드러내라는 것이죠.

틀린 이야기도 아닙니다. 최근 열풍처럼 불고 있는 '어린이 경제교육'이라는 것도 결국 평생 돈에 얽매이지 않고 살아가라는 부모들의 열망에서 시작된 것이니까요. 경제이론? 경영학? 금융지식? 왜 그렇게 배우려고, 가르치려고 안달냅니까. 결국 돈 때문 아닙니까?

그런데 아무리 그렇다고 해도 아이에게 돈, 돈, 돈 거리는 게 참 껄끄럽습니다. 겨우 7살이 된 아이에게 "돈이 최고여~."라고 말한다던가, 초등학생 6학년 딸에게 "무조건 부잣집에 시집가야 한다."고 말한다는 게 여간 뒷맛이 씁쓸하지가 않거든요. 얼굴이 후끈 달아오르기도 합니다. 하지만 현실은 인정해야 할 것 같습니다. 아니, 부모가 인정하지 않더라도 아이가 먼저 깨닫게 해줄 수도 있고요.

"아빠는 서울대 나왔다면서 우리 집은 왜 이렇게 못살아?", "우리 집은 맨날 돈 갖고 싸우잖아. 그 놈의 돈이 문제야."라던가, 혹은 고등학생 아이 입에서 나온 "나 장사할거야! 공부 안 해도 아빠 보다 더 부자로 살 거니까 참견하지 마!"라는 말에 정신이 번쩍 들지요. 뒷통수가 정말 서늘해집니다.

그런데 말이죠. 한 가지 명확하게 할 것이 있습니다. 아이에게 돈이라는 것, 부자라는 사람들에 대해 정확히 교육하는 것과 '돈, 돈, 돈' 거리는 것은 완전히 다르다는 점입니다. 부모가 무의식 중에 내뱉는 돈 타령은 결코 돈에 대한 공부가 아닙니다. "돈이 최고야!"라고 가르치는 것은 정말 최악이고요. 유대인 엄마들은 자식한테 그렇게 가르쳐서 부자로 만든다는데 왜 나한테는 뭐라고 비난하냐고요?

아닙니다. 이건 잘못 알고 있는 겁니다. 유대인들은 그 누구도 자식에게 "돈이 최고야!"라고 말하지 않습니다. 그들은 "돈은 인간을 축복해주는 좋은 수단이야."라는 말로 자녀 경제교육을 시작합니다. 주인공은 인간이고 돈은 쓸모 있는 도구에 불과하다는 점을 명확히 하는 것으로 돈에 대해 알려주는 것이죠. 그리고는 "두툼한 지갑을 갖고 있다고 해서 자랑할 일은 아니야. 그런데 빈 지갑은 수치스러운 거란다."라며 말을 이어갑니다.

부자요? 아이를 '부자'로 만들겠다고요? 부자가 뭔데요? 어떤 유대인 엄마도 자식에게 "넌 부자 돼야 한다", "부자가 되면 정말 좋아"라는 화법을 구사하지 않습니다. 물론 그런 말을 하고도 싶겠죠. 하지만 오히려 "부자가 되려면 내일 할 일을 오늘 하고, 오늘 먹을 음식을 내일 먹어야 한다."는 식으로 말합니다. 그래서 우리 부모에게 지금 필요한 건 바로 체계적인 돈 교육이고, 제대로 된 부자교육이라는 겁니다. 할 수 밖에 없다면 잘 해야 한다는 것이고요. "어린애한테까지 뭘 이렇게 까지……."라고 손사래를 칠 일이 아닙니다. 부끄러운 건 잘못된 부자교육이죠, 제대로 된 돈 교육은 아이에게 반드시 필요한 교육입니다. 빨리 알려줘야 하고, 가르쳐야 합니다. 어설픈 돈에 대한 찬양이 잘못된 것입니다. 이것과 제대로 된 돈 교육을 혼동해선 안 됩니다.

돈에 대한 개념을 정리하라

혹시 1980년대 중반부터 2000년 초반까지 '세계의 경제대통령'으로 불리며 세계 경제를 호령했던 앨런 그린스펀 전 미국 연방준비제도이사회(FRB) 의장을 아시나요? 그린스펀은 실은 줄리아드 음대에서 클라리넷을 전공했던 음악도였습니다. 음대를 중퇴하긴 했지만 이후에도 재즈밴드 단원이 되어 직업 뮤지션으로 활동했죠. 이런 사람이 어떻게 세계의 경제대통령이 됐을까요. 바로 증권 브로커였던 아버지 때문이었습니다. 물론 나중에 뉴욕대에서 체계적인 경제수업을 받았지만 그 바탕엔 어린 시절 배웠던 아버지의 혹독한 가르침이 있었습니다. 다섯 살(한국 나이 7살) 때 그의 아버지는 주식과 채권이 무엇인지, 브로커가 어떤 일을 하는지를 가르쳤고 급여 · 생활비 · 저축 · 부채 등의 개념까지 교육했다고 합니다.

내 아이도 앨런 그린스펀이 될 수 있습니다. 외모, 학벌, 집안, 이런 것들이 중요한 게 아닙니다. 어서 빨리 돈에 대한 개념을 잡아주고 이것저것 가르쳐야 합니다. 용돈 하나만 갖고도 정말 많은 것을 알 수 있습니다. 어렵지 않습니다. 바로 지금부터 시작하면 됩니다.

먼저 '돈'에 대한 개념을 정리하는 것으로 시작해야 합니다. 특히 돈에 대한 개념은 12살을 기점으로 완전히 정착되기 때문에 이전에 반드시 필요한 과정입니다. 참 많은 어린이 교육 전문가들이 한 목소리로 용돈의 중요성을 강조하는 것도 이 때문입니다. '돈 교육'에 있어 용돈 교육만큼 효과적인 수단이 없기 때문입니다.

돈에 대한 개념을 정리해주는 과정은 크게 3가지 측면으로 접근할 수 있습니다. 첫째는 돈의 가치(교환가치)를 몸으로 직접 체득하

게 하는 과정입니다. 아이가 직접 돈이란 실체를 느껴보는 것이죠. 둘째는 돈(화폐)에 대한 몇 가지 지식을 습득하는 일입니다. 가령 '왜 나라마다 돈은 각각 다를까' 등과 같은 물음에 대해 알려주는 것이죠. 셋째는 돈을 바라보는 시각을 잡아주는 일입니다. 돈을 어떻게 사용해야 하는가에 대한 돈의 사용가치와 관련이 있는 부분이기도 합니다. 유대인 엄마들이 정말 잘하는데요, 시시때때로 돈에 대한 단상을 아이에게 말해주면서 스스로 돈에 대한 가치관을 정립시키게 하는 것입니다. 엄마, 아빠의 역할이 아주 중요한 부분이라고 할 수 있습니다.

돈의 교환가치를 가르친다

'돈'에 대한 개념 정리의 시작은 '수(數)'에 대한 개념이 정립되는 5~6살 정도가 적당합니다. 그런데 이때 중요한 것이 있습니다. 아이에게 "돌고 도는 게 돈이란다."는 식의 철학적 학습은 곤란하다는 것입니다. 돈 개념 정리는 크게 '돈의 교환가치'와 그리고 '돈의 사용가치'에 대해 아이가 직접 인식하고 느낄 수 있도록 인도해줘야 합니다.

가장 먼저 아이에게 필요한 것은 교환가치에 대해 집중적인 학습입니다. 돈을 주고 그 액수에 상응하는 물건을 받는 과정을 통해 돈이 단순히 동전이나 지폐가 아니라 필요한 물건과 바꿀 수 있는 것이라는 인식을 심어주는 것으로 시작하는 게 좋습니다. 이와 관련 가장 널리 이용되면서 효과성도 높은 방법은 바로 '놀이'를 이용하는 것입니다.

보통 5살~6살 시기엔 아이와 함께 동전 알아맞히기 놀이를 하면 좋습니다. 실제 동전을 이용해 동전 이름과 액면 금액, 그리고 어떤 것이 더 큰가 하는 크기 비교 등을 하면서 아이와 놀아보는 것입니다.

6살~7살 정도엔 '쇼핑놀이'가 좋습니다. 엄마는 점원, 아이는 손님 등과 같은 식으로 역할 분담을 한 후 실제 쇼핑 과정을 자연스럽게 연기하는 것입니다. 이때는 좀 더 리얼하게 하는 것이 좋습니다. 물건에 가격표도 붙여놓고요, 실제 돈이나 장난감 돈을 비치해 마치 상점과 비슷한 분위기를 연출해야 합니다. 그래서 아이와 '쇼핑놀이'를 하면서 직접가격표를 읽어보게 하고, 돈을 주고받고, 또 거스름돈을 주고받는 과정 등을 학습하게 하는 과정입니다(시중에서 판매하는 '시장보기' 장난감 세트를 활용하면 좋습니다).

그렇게 되면 아이는 자연스럽게 '돈'이라는 존재를 알게 됩니다. 원하는 장난감을 가지려면 바로 돈이 필요하다는 것을 깨닫는 것이죠. "단순히 '500'이라고 적혀있는 동그란 모양의 동전이 알고 보니까 아이스크림과 바꿀 수 있네!"라면서 돈이 갖고 있는 '교환가치'를 인식하는 과정입니다. 특히 이때 아이스크림과 바나나 등 서로 다른 물건을 비교하면서 싸다, 비싸다 등의 개념을 심어주면 좋습니다.

7살~10살 시기엔 돈의 교환가치를 더 구체화시켜줘야 합니다. 즉, 100원으로는 무얼 바꿀 수 있는지, 500원으론 무슨 물건을 가져 올 수 있는지, 5000원짜리 지폐에 해당되는 물건은 무엇인지를 알게 하는 것이죠. 이 시기엔 적어도 1만 원 이하의 교환가치는 정확하게 알려주는 것이 좋습니다. 이때도 '놀이'가 필요한데요. 예를 들어 아이의 소유물 중에서 100원에서부터 1만 원 정도 하는 물건을 쭉 늘어놓고 액수(금액)에 대한 감을 알려주는 놀이 연습을 해보세요.

아이들은 생각보다 더 똑똑하고 영악합니다. 추리력도 빨리 발달합니다. 양말의 금액이 1500원이라고 알려주면, 슈퍼에 가서 500원짜리 젤리를 보면서 "이거 3개면 내 양말과 바꿀 수 있네."라는 유추를 해냅니다. 그러니까 어서 빨리 액수에 대한 감을 잡아주세요. 1만 원으로 교환할 수 있는 물건들이 얼마나 많은지, 또 어떤 것들이 있는지를 아주 세세하게, 반복해서 말해주는 게 포인트입니다.

10살 이후부터는 당연히 '용돈'을 활용해야 합니다. 용돈 기입장 쓰기도 시작해야 하고, 통장도 만들어봐야 합니다. 특히 이때 반드시 익혀줘야 할 개념이 있습니다. 가격에 따라 물건의 질이 달라질 수 있고, 동일한 물건이라도 여기에 해당되는 가격(금액)은 달라질 수 있다는 2가지 사실입니다. 무엇보다 이 개념은 향후 아이의 '소비' 행태에 아주 큰 영향을 미칩니다.

예를 들어 미국 마트에선 같은 돼지고기라도 3달러부터 20달러까지 다양합니다. 당연히 좋은 고기일수록 비쌉니다. 그래서 돈이 없으면 3달러짜리를 먹고 예산이 넉넉한 사람들은 20달러짜리를 소비하게 됩니다. 자연스럽죠. 3달러짜리 먹는다고 부끄러운 것도 아니고, 20달러짜리 사먹는다고 자랑할 일도 아니랍니다.

아이가 어린 시절 바로 이런 상황을 체득하게 되면 합리적 소비가 가능케 됩니다. 좋은 건 비싸고, 나쁜 건 싸다, 그리고 더 중요한 건 '자신의 수준에 맞춰 사면 된다'라는 개념입니다. 또한 동일한 물건에도 가격이 천차만별일 수 있다는 사실도 함께 알려주십시오. '유통'이라는 개념도 설명해주면 좋겠지만 아이 머리가 아플 테니까 안 해도 좋습니다.

한편, 장난감 구입을 하면서 아이와 함께 의식적으로 백화점, 인터넷 쇼핑, 완구할인매장 등 여러 가게를 돌아다녀 주세요. 그리고 가장 싼 곳에서 구매하는 모습을 보여주세요. 10년 후 바로 내 아이의 소비행태가 될 것입니다. 한 가지 명심할 건 싼 물건을 사는 것은 절대로 부끄러운 일이 아니지만, 동일한 물건을 비싸게 주고 사는 건 부끄러운 일이라는 걸 알게 해줘야 한다는 것입니다.

★ 물건구입계획표(쇼핑리스트) 작성하기

어린이 경제교육 쉬는 시간에 은근 슬쩍 이런 질문을 던져 본다.

"혹시 부모님이랑 마트 갈 때 엄마나 아빠가 살 물건 미리 종이에 적어서 가져가나요?"

놀랍게도 "그렇다"고 대답하는 아이 수는 매우 적다. TV에서 그렇게 떠들어대고, 온갖 재테크 책에서 반드시 하라고 하는 '쇼핑리스트' 작성하기가 현실에선 잘 이뤄지지 않고 있다는 뜻이다. 물론 꽤 귀찮다. 또 그 종이(목록)를 들고 여기 저기 다니는 것도 남들이 보기에 좀 그렇다는 느낌도 든다. 그러나 꼭 해야 한다. 부모 자신의 제대로 된 소비를 위해 그렇고, 또한 아이를 위해서도 그렇다. 12살 이전, 특히 5살~8살 아이는 부모의 모든 것을 그대로 보면서 자란다는 것을 명심하자.

특히 마트에 갈 때 아이 자신의 물건 구입계획표도 함께 만들면 좋다. 요즘 대형 마트에 가면 어쩔 수 없이 들려야 하는 게 바로 아이들 장난감 코너다. 그래서 가기 전에 아이와 함께 자신이 사고 싶은 물건을 1위부터 3위까지 적고 이 구입 계획표를 들고 가는 것이다. 이렇게 하면 장난감 코너에서 아이가 갑자기 사고 싶은 물건이 생겼을 때 스스로를 절제할 수 있는 연습을 할 수 있다. 또한 자신이 계획표에 적어 두었던 장난감 1, 2, 3위가 모두 없을 경우 그날엔 구입을 단념하는 훈련도 필요하다. 보너스론 부모가 진짜 편해진다. 아이가 목록을 작성할 때 사전에 조금 도와주기만 하면 지금도 장난감 코너에서 펼쳐 지고 있는 부모와 아이의 실랑이를 '멋지게' 피할 수 있다.

돈의 사용가치를 가르친다

돈의 교환가치에 대한 개념을 잡아가는 과정에서 반드시 병행해 야 할 교육이 있습니다. 바로 돈을 바라보는 시각, 돈에 대한 가치 관을 잡아주는 것입니다. 내 아이가 어른이 돼서 '돈의 노예'가 되 느냐 아니면 '돈의 주인'이 되느냐를 결정해주는 과정이라고도 할 수 있습니다.

결론부터 말하면 어렵습니다. 정말 힘든 부분입니다. 마치 '성격 좋은 아이 만들자' 처럼 목표는 명확한데 그 과정(방법)은 불명확합 니다. 딱히 '이거다' 하는 교육법이 존재하지 않는 영역이죠. 변수 도 참 많습니다. 좋은 의미로 "돈에 연연하지 말자."고 했는데 아이 는 "맞아요. 돈은 인간을 나쁜 길로 인도하는 악마예요."라고 받아 들일 수도 있습니다.

전 세계에서 이 교육을 가장 잘하는 부모들이 바로 유대인이라고 합니다. 그들은 절대로 아이를 돈과 현실에서 격리시키지 않습니다. 오히려 적극적으로 끌어 들여 직시하게 만들죠. 그런데 결코 '돈의 노예'로 만들지는 않습니다. 그렇다면 결국 이들에게서 몇 가지 영감을 얻거나 괜찮은 방법들을 활용하는 것도 나쁘지 않을 것이라고 생각합니다. 자식에게 대화를 통해 직접적인 가르침을 전하는 것도 나쁘지 않습니다. 아이에게 끊임없이 대화(말)로 가르쳐 주세요. 효과가 있습니다. 아직 어린 아이이기 때문에 효과가 있는 것입니다. 아니, 말해주는 부모 자신도 오히려 긍정적 변화를 체험할 수 있습니다.

★ 돈은 기회를 주는 것이다 ★

먼저 "돈은 우리에게 많은 기회를 준다."는 가치관을 심어주세요. '돈이 최고다' 혹은 '돈은 좋은 것'이라는 식이 아닙니다. '돈=기회'라는 개념이죠.

그래서 유대인 엄마들은 시간을 돈으로 바꿔 설명합니다. 예를 들어 '1년에 52만 5600달러를 번다면, 한 달에는 4만 3800달러, 하루엔 1440달러, 1분에 1달러를 버는 거야'라는 식이죠. 그리고는 "이런 사람이 30분간을 허비했다고 해보렴. 30달러를 허공에 날려 버리는 거야."라고 합니다. 이처럼 '돈=기회=시간'을 함께 묶어서 자녀에게 교육하는 방식입니다.

유태인들은 비즈니스에 있어 독할 만큼 '시간은 황금' 이라는 절대가치를 신봉합니다. 그들이 잘나서가 아닙니다. 어릴 때부터 시간의 가치를 돈 개념으로 형상화시켜 인식하고 있기 때문입니다. "아이, 30분 갖고 왜 그래?"라고 할 수 있겠지만, 틀렸습니다. 30분은 정말 피 같은 돈 이고요, 그것은 바로 인생을 바꿀 수 있는 기회가 됩니다.

★ 돈을 버는 자보다 모으는 자가 승리한다 ★

둘째는 "돈을 버는 자 보다는 모으는 자가 결국 승리한다"는 가르침입니다. 일견 유태인들은 아이에게 상술을 가르친다는 이야기도 있는데, 교육과정 순서로만 본다면 '모으는 법' 이 더 먼저입니다. 혹시 '돈이 돈을 벌게 한다' 는 말 들어봤죠? 바로 이겁니다. 이 메커니즘의 존재를 알려주는 겁니다.

부모들은 종종 아이에게 "너 돈 한 푼이라도 벌어봤어?"라는 짜증을 냅니다. 가장 안 좋은 방식입니다. 아니, 아이가 왜 돈을 법니까? 우린 앞서 '노동-보상' 습관 들이기에 대해 살펴봤습니다. 그런데 이때 포인트는 바로 "무언가를 해야 또 뭔가를 얻을 수 있다"는 것입니다. 절대로 "돈 벌어 오라"는 뜻이 아닙니다. 착각해선 안 됩니다.

그 유명한 성경의 '달란트 비유' 는 '돈을 모으는 법' 에 대한 완벽한 우화입니다. 다섯 달란트를 갖고 있으면 다섯 달란트를 남기고, 세 달란트는 세 달란트로 남긴다는 것인데 똑같이 100%씩 수익을 올리는 것이죠. 그런데 이때 "왜 나는 한 달란트뿐이야. 나도 다섯 달란트 줘."라는 사람으로 키워선 안 됩니다. 자신의 한 달란트가 적다고 땅 속에 묻어두는 아이로 키우면 절대로 안 됩니다. 그래서 아이에겐 돈 벌기 방법보다, 절약/저축/투자/보험 등 돈을 모으는 방법에 대한 설명과 연습이 더 선행돼야 합니다(이에 관해서는 제5부에서 본격적으로 설명하겠습니다).

★ 돈을 즐겁게 쓰는 법 ★

셋째는 돈의 소비와 관련된 즐거움에 대해 가르치는 것입니다. 이는 돈의 '사용가치'에 대한 깨달음이기도 합니다. 돈을 모으고 합쳐서 더 비싼 것을 살 때 돈의 사용가치가 높아지는 경우가 있습니다. 100원짜리 2개를 당장 사는 것보다, 200원짜리 1개를 살 때가, 그것보다는 좀 더 참고 기다렸다가 1000원짜리 1개를 살 때 기쁨은 기하급수적으로 커질 수가 있죠. 그래서 유태인 엄마들은 돈을 쓰는 즐거움을 알려주면서 인내심을 함께 교육합니다. 참고, 기다리고, 인내했을 때 얻는 기쁨을 노골적으로 느끼게 해주는 것이죠.

이미 심리학에도 존재하는 이론입니다. 만족지연 효과(Delay of

Gratification Effect)' 인데요, 나중의 큰 만족을 위해 현재의 작은 만족을 포기하는 연습을 많이 할수록 행복한 삶을 누릴 수 있다는 주장입니다. 예를 들어 아이에게 과자 한 상자를 주고 "지금 먹으면 과자 1개 밖에 못 먹고, 이따 동생 올 때까지 기다리면 한 상자를 다 먹을 수 있다."고 해 아이에게 기다리는 연습을 시키는 것입니다. 이때 아이가 기다림에 성공해 나중에 과자 한 상자를 다 받게 되면 뇌 앞쪽에서 '도파민' 이란 신경전달물질이 생성되는데, 바로 이때 엄청난 행복감을 느끼게 됩니다. 그래서 이런 과정을 몇 번씩 반복적, 습관적으로 겪게 되면 자동적으로 인내력이 강해진다는 결론입니다.

재미있죠? 이처럼 '돈 교육' 은 단순히 돈으로만 끝나지 않습니다. 아이의 삶을 교육할 수 있습니다.

★ 자선과 선행, 나눔과 협상 개념 ★

네 번째는 자선과 선행, 나눔과 협상입니다. 이 부분에 대해서는 제5부에서 자세히 설명할 예정이므로, 여기서는 간단한 개념만 말씀드리겠습니다.

돈에 대한 교육과 실전연습이 어느 정도 궤도에 올라서면 무조건적으로 '기부' 를 가르쳐야 합니다. 종종 사회학자들은 기부를 통한 자기만족, 나눔의 행복 등을 말하는데요. 교육 방식으로만 보면 '기부는 무조건 해야 하는 의무’라는 개념이 더 효과적입니다. 왜냐하면 그래야 기부를 실천할 수 있으니까요. “가난한 친구를 도와주니까 어때? 네가 더 행복해졌지?” 등과 같은 방식은 상당히 소극적입니다. 오히려 이것보다는 일정 기준을 정해놓고, 적은 액수라도 규칙적으로, 때론 반 강제적으로 기부를 하게 만들어야 합니다.

이런 기부와 나눔은 내 아이를 ‘돈의 주인’으로 만드는 데 아주 큰 역할을 합니다. ‘투자의 달인’이 더 ‘돈의 주인’에 가깝지 않냐고요? 글쎄요. 워렌 버핏과 마더 테레사 수녀 중 누가 더 훌륭한 ‘돈의 주인’일지 생각해보면 어떻겠습니까?

돈은 대체 누가 만들어 공급하는 것일까

종종 ‘돈 교육’이 돈에 대한 지식교육으로 착각되는 경우가 있습니다. 하지만 돈에 대한 지식은 그냥 상식 차원에 해당합니다. 중요한 건 앞서 말했던 것처럼 돈의 교환가치와 사용가치에 대한 개념 정립이라고 할 수 있습니다. 다만 아이들은 돈 그 자체를 궁금해하는 경우가 많아 몇 가지 지식은 필요할 것 같습니다.

10살 이전의 아이들이 많이 던지는 질문은 대략 다음과 같습니다. “돈이 왜 생겨났을까요?”, “왜 각각 국가마다 돈이 다를까요?”, “돈은 누가 만드나요?”, “그냥 돈을 많이 만들어서 사람들에게 나뉘주면 안 되나요?” 등입니다. 재미있는 것은 아이들조차도 ‘돈이 뭔가요?’ 라는 질문을 던지는 경우는 거의 없다는 것입니다. 아마도 돈의 ‘실존(?)’ 때문인 것 같습니다.

돈의 유래에 대해서는 ‘물물교환’ 에 대한 이야기부터 해줘야 합니다. 옛날에는 사람들이 자신들의 물건과 남의 물건을 직접 바꿔서 사용했는데 사회가 복잡해지면서 어떤 기준이 필요했고, 이게 결국 돈이 됐다는 식입니다. 처음엔 조개로 돈을 만들었다가, 이후 철광석, 금,은, 구리, 종이 등으로 만들고 이후 수표나 신용카드가 등장했다는 순으로 알려주면 됩니다. 굳이 이런 지식은 부모님들이 직접 나서지 않아도 됩니다. 지식의 공급처가 정말 많기 때문이죠.

다만 ‘돈은 누가 만들까요?’ 라는 부분에 대해서는 명확하게 정립해주는 것이 좋습니다. 결국 국가의 은행인 ‘한국은행(중앙은행)’ 에 대한 개념인데요. 초등학교 5~6학년 정도엔 반드시 확실하게 알고 넘어가야 합니다. 아이가 돈을 만드는 주체나, 돈을 만들어내는 행위에 대해서 개념을 잡고 있으면 분명 ‘돈 교육’ 도 더 힘을 얻게 됩니다. 보통 다음과 같은 대화를 활용하면 좋을 것 같습니다.

아이 : 아빠, 돈은 누가 만들어내는 거예요?

아빠 : 각 나라마다 중앙은행이 있단다. ‘국가의 은행’ 이라고 생각하면 돼. 바로 그 곳에서 돈을 만들어내는 거야. 미국은 미국 중앙은행, 우

리나라는 한국 중앙은행이 있어. 한국 중앙은행은 '한국은행'이라고 부르지.

아이 : 그런데 돈 뒤에는 '한국조폐공사 발행'이라고 씌여 있던데…….

아빠 : 그곳은 직접 돈을 찍어내는 곳이야. 한국은행은 쉽게 말해 얼마나 만들어라, 하고 지시를 내리는 곳이야.

아이 : 그럼 제가 한국은행에는 저축을 할 순 없나요?

아빠 : 응. 한국은행은 '은행'이지만 우리가 이용하는 은행하고는 완전히 달라. 한국은행은 '은행의 은행'으로도 불리지. 시중은행들이 긴급히 돈이 필요할 때에는 한국은행에서 꾸기도 하기 때문이야. 참, 그리고 한국은행은 돈을 만들어내지만 또 돈을 거둬들이는 곳이기도 해.

아이 : 네? 돈을 가져간다고요?

아빠 : 시중에 돈이 너무 많이 있어도 좋지 않은 일이 많이 생기거든.

아이 : 안 좋은 일이요? 왜요? 난 항상 돈을 그냥 막 찍어내서 사람들한테 나눠주면 좋겠다는 생각을 하는데…….

아빠 : 아니야. 한번 생각해보렴. 아빠가 열심히 일해서 100만 원을 벌었는데. 한국은행에서 갑자기 100만 원을 찍어내서 펑펑 놀고 있던 사람에게 100만 원을 주면 어떻게 되겠니? 열심히 일한 사람들한테 불공평하잖아. 그리고 인플레이션이라고 배웠지? 그것도 일종의 '좋지 않은 일'이야. 돈이 너무나 많으면 사람들이 귀중한 줄 모르잖아. 그래서

경우에 따라선 한국은행이 돈을 가져가기도 한단다.

아이 : 그럼, 아빠 돈도 한국은행이 뺏어가고 그러나요?

아빠 : 아냐, 뺏어가지는 않아. 대신 돈을 은행으로 가져오도록 유도하지. 우리가 시중은행에 돈을 저축하면 그 돈 중 일부는 한국은행 금고로 들어간다고 생각하면 된단다. 또 '국채'라는 것을 발행하기도 하는데. 국가가 아빠한테 돈을 꾸는 거야. 그럼 아빠는 이자를 받고 돈을 한국은행에 빌려줘. 그러면 돈이 또 한국은행으로 들어가게 돼.

아이 : 그렇구나. 국가에서 돈을 만들어 낸다는 일도 다 원칙이 있는 거군요.

아이가 직접 돈을 벌어야 봐야 돈이 귀한 줄 안다고 말하는 사람이 있다. 일견 타당한 측면도 있지만 15살 이전 아이에겐 '돈을 버는' 과정 보다 '일을 하는' 것을 가르치는 것이 더 현명한 방법이다. 쉽게 말해 "너 돈 벌어와."가 아니라 "너 일해."라는 식이다. 비슷하지만 확실한 차이가 있다. 일을 하면 보상이 따른다는 것이지, 보상을 보고 일을 해선 안 된다는 뜻이 숨어있기 때문이다. 특히 이 과정에서 자연스럽게 아이에게 '직업' 교육을 해주면 효과는 극대화될 것이다.

기본은 '아빠, 엄마는 어떻게, 무슨 일을 해서 돈을 벌까'에서 시작해야 한다. 나아가 그럼 '나는 나중에 어떤 일을 하며 돈을 벌까'라는 문제를 생각해보게 하는 방식이다. 초등학교 고학년 아이들을 대상으로 한 직업 관련 설문조사를 보면 60% 이상의 아이들이 "돈 많이 받는 직업을 선택하겠다."고 한다. 중학교 1학년만 돼도 "아빠는 연봉이 어떻게 돼?"라고 묻는 게 요즘 아이들이다. 이때 부모는 자신의 연봉이 많다고 우쭐댈 필요도, 적다고 부끄러워할 필요가 없다. 적어도 내 아이의 경제교육 측면에선 그렇다. 오히려 이때는 "경민아, 연봉이 얼마인가 보다, 아빠가 어떤 일을 하는지를 먼저 알려줄게."라는 식으로 '일'에 포커스를 맞추도록 유도해야 한다. 중요한 건 '돈'이 아니라 '일'이라는 뜻이다. 또한 돈을 많이 받는 일(직업)이 따로 존재하는 것이 아니라 일을 얼마나 잘 하느냐, 직업 활동을 잘 수행하느냐에 따라 받는 보상(돈)의 크기도 달라진다는 것을 확실하게 인식시켜줘야 한다.

12살 이전 아이에게 알고 있는 직업을 종이에 한번 적어보라고 하면 대부분 20개도 못 적어낸다. 게다가 그중 절반은 어떤 일을 하는지 제대로 모른다. 그래서 먼저 아이에게 세상에 존재하는 직업에 대해 하나씩 하나씩 알려줄 필요가 있다. 대신 단순히 '요리사'라고 하지 말고 중국집 주방장, 스시를 만드는 직업, 피자를 만드는 일, 떡집 아저씨 등 세부적으로 나눠야 한다. 또한 밤하늘을 화려하게 수놓은 폭죽을 연출하는 '불꽃연출가' 등과 같은 특수한 직업의 존재도 알려주는 게 좋다.

최상의 직업 선택은 아이가 자신이 가장 잘하는 일을 꿈으로 갖는 것이고, 그 꿈을 직업으로 삼아 평생을 사는 것이다. '능력=꿈=직업'의 등식이다. 그렇지만 이 등식 중 지금 아이에게 가장 중요한 것은 '능력=꿈'이나 '능력=직업'이 아니라 '꿈=직업'이라고 할 수 있다.

꿈을 직업으로 가지면 행복해진다. 직업은 결국 개인 행복의 원천이기 때문이다. 꿈이 경호원이어서 경호업체에 취직한 사람과 이렇게 저렇게 경호 관련 직업을 가진 사람의 인생은 질적으로 다르다. 결코 돈이 문제가 아니다.

현재 대한민국에서 초등학생을 위한 정식 직업교육은 없다. 6학년 사회 시간에 배우는 '직업' 편이 전부인 것도 같다. 그래서 부모가 직접 내 아이에게 이것저것 많은 것을 보여주고 알려줘야 한다. 꿈을 키운다는 것은 뭐든 많이 보고, 그 존재를 알고 있는 데서 시작하니까 말이다. 꿈이 그렇다면 직업도 마찬가지다.

이론뿐인 금융지식은 가라

지난 2003년을 기점으로 국내에 '어린이 경제교육', '어린이 금융 교육', '어린이 경제 박사 만들기', '어린이 투자교실', '우리 아이 FQ 높이기' 등 다양한 이름으로 참 많은 금융교육이 실시되고 있습니다. 대부분 초등학교 4학년부터 6학년 아이들을 대상으로 하고 있지요. 이런 영향으로 인해 최근 국내 어린이들의 경제/금융 지식 수준은 눈부시게 향상됐습니다. 무엇보다 '돈'을 바라보는 시각이 긍정적으로 바뀌었다는 게 큰 성과입니다.

그런데 여기서 한 가지 짚고 넘어가야 할 것이 있습니다. 바로 아이 금융교육이란 것이 금융지식만을 가르쳐주는 행위는 아니라는 것입니다. 하지만 안타깝게도 현재 어린이 경제교육의 흐름은 이론 교육으로만 치우치고 있습니다. 예를 들어 '돈'에 대해 공부한다면서 결국엔 미국은 달러화, 유럽은 유로화, 중국은 위안화, 일본은 엔화, 태국은 바트화 등 화폐 이름을 외우면서 만족해하고 있는 것이죠. 왜일까요?

가장 큰 이유는 부모 자신에서 찾아야 할 것 같습니다. 노골적으로 말하면 부모 자신이 편해지려고 하기 때문입니다. 아이한테 몇 가지 경제 지식 가르쳐주면서 '아이에게 금융교육을 시켰다'는 자기만족을 느끼고 싶어하는 것이죠. 종종 부모님들에게 물어봅니다. "왜 금융지식 가르치세요?", "왜 FQ 높이려고 하세요?"라는 질문입니다. 그럼 대부분 이렇게 답합니다. "내 아이 부자 만들려고요."

아닙니다. 틀렸습니다. 물론 한 가지 이유는 될 수 있겠지만 정답은 아닙니다. 우리가 아이에게 금융 지식을 가르치고, 경제 생활인으로 만들려고 노력하는 근본적인 이유는 바로 '독립적인 자아'를 만들어주기 위해서입니다. 경제 이야기하다가 왜 갑자기 철학적인 이야기를 하나고요?

독립성의 기초는 경제적 독립부터

우린 아이에게 독립성을 심어주기 위한 다양한 교육을 하는데,

독립적 자아의 기초는 '경제적 독립'으로부터 시작됩니다. 경제적 독립을 보다 빨리, 그것도 더 잘 할 수 있다면 아이가 독립적 자아로 성장할 가능성도 높아진다는 것이죠. 그래서 바로 '경제/금융 교육'을 시키는 것입니다. 경제적 독립을 위한 기초 능력을 길러줘 결국엔 이를 통해 험난한 인생을 혼자서 헤치고 살아가는 아이를 만들자는 목표인 것이죠.

내 아이가 명문대에 진학한 뒤 대기업에 입사했다고 경제적 독립을 이뤄내는 시대가 아닙니다. 고시에 합격하도록 뒷바라지 한다고 해서 아들이 독립적 자아가 되지 못합니다. 이게 현실입니다. 그래서 결국 어린이 경제교육은 '아이의 독립적 자아를 형성시키는 교육'이라는 관점에서 이뤄져야 합니다. 어차피 12살 정도에 끝납니다. 늦어도 15살입니다. 중학교 3학년만 돼도 부모가 비집고 들어갈 틈이 없습니다. 그래서 힘들고, 귀찮더라도 아이였을 때 부모님들의 참여가 필요합니다. 그리고 이렇게 아이에게 경제적으로 홀로 서는 역량을 익히게 해주면 결국 부모가 편해집니다. 앞서도 말했지만 노후설계, 은퇴설계라는 게 어쩌면 따로 없는 것도 같습니다.

한번은 어린이 경제교육 교실에서 이런 질문을 던져봤습니다.

"아빠 생일을 위해 용돈을 꾸준하게 모아서 선물 준비해 본 학생 있어요?"

충격적이게도 100여 명의 초등학교 5~6학년 학생 중에서 손을

든 아이는 5명 정도에 불과했습니다. 순간 얼굴이 달아올랐습니다. 진부하게 들릴지 모르지만 어린이 경제교육을 하면 아이가 생활에서도 물건도 아껴 쓸 줄 알고 용돈도 절약하고, 가난한 사람도 돕고, 그리고 미래를 위해 저축할 줄도 아는 그런 모습으로 변해야 합니다. '변화' 해야 한다는 뜻입니다. 그렇게 15살, 18살, 20살, 25살 등을 지나면서 경제적 독립을 이뤄내고 나아가 독립적 자아를 완성해 나가는 것이죠. 그런데 경제이론은 줄줄 외우면서 정작 자신은 10만 원이 훨씬 넘는 고가 점퍼를 학교 놀이터에서 잃어버리고, 전혀 찾아갈 생각을 하지 않는다면 이게 무슨 제대로 된 교육이겠습니까.

'금융아이큐' 라는 FQ는, IQ(지능지수), EQ(감성지수) 등과는 달리 머리(뇌)와는 별 상관이 없답니다. 오히려 제대로 된 경제습관이나 아이 때 배운 돈에 대한 실전 연습이 더 큰 영향을 미칩니다. 기억하세요. 내 아이 경제교육은 무조건 구체적이고 실질적이어야 합니다. 그래야만 최종목표인 경제적 독립인을 만들 수 있습니다.

어릴 적 용돈 관리 습관이
평생 경제력 좌우한다

"엄마, 나도 이제 용돈 주세요."

정말 익숙한 말입니다. 정도의 차이는 있지만 초등학교 4학년을 기점으로 대부분 아이들의 용돈에 대한 요구는 부쩍 늘어나게 됩니다. 여기서 말하는 용돈은 단순한 돈이 아닙니다. '일정한 시기에, 얼마의 액수'라는 '정기성'과 일정 정도의 금액이라는 '확정성'을 갖춘 그야말로 직장인 월급과 같은 가념의 용돈을 말합니다.

그만큼 자녀들의 돈에 대한 필요성이 증가하기 때문이라고 해석할 수 있는데, 이유야 어찌됐든 긍정적으로 받아들이는 게 좋습니다. 무엇보다 용돈만큼 자녀들에게 현실감 넘치는 경제교육을 해줄 수 있는 교육매체는 없다는 점을 반드시 기억해두기 바랍니다.

어릴 때 용돈 관리법만 제대로 익혀도 평생 필요한 자산관리 능력은 모두 배울 수 있다 해도 과언이 아닙니다. 골프를 칠 때 종종 이런 말을 많이 합니다. "헤드 업 하지 않기, 이것 하나만 해도 골프는 끝."이라고요. 이때 '헤드 업'에 해당하는 게 용돈입니다. 굳이 아이 손잡고 여기저기 어린이 경제교육 다니지 않아도 됩니다. 딱이 용돈 관리 하나만 제대로 하면 끝납니다.

그러나 본격적으로 용돈을 주기 시작하면 알겠지만 문제가 생각만큼 쉽지 않습니다. 금액은 어느 정도, 얼마나 자주 줘야 할지도 고민이고 자녀들이 용돈을 어떻게 쓰는지에 대한 사후관리도 피곤할 정도로 힘듭니다. 내 가계부 쓰기도 힘든데 아이 용돈 기입장까지 챙겨준다는 게 얼마나 신경 쓰이는 일입니까. 이뿐만이 아닙니다. 오히려 용돈을 줬다가 나쁜 버릇만 들여줄 수도 있습니다. 이 때문에 부모 스스로가 용돈에 대한 명확한 규칙과 나름의 가치관을 갖고 있어야 합니다.

용돈지급의 기본 원칙

첫째 원칙은 정기성과 확정성의 원칙입니다. 용돈은 샐러리맨의 월급과도 같은 개념입니다. 언제, 무슨 요일에 주는지, 또 얼마의 액수를 주는지를 사전에 확실히 해놓고 시작해야 합니다. 이런 규칙성이 깨지기 시작하면 용돈은 바로 그 자리에서 의미를 잃어버리게 됩니다. 아이의 용돈은 약속입니다.

둘째 원칙은 용돈으로 어디까지 해결해야 하는지를 명확히 해야 한다는 것입니다. 이렇게 해야만 아이에게 확고한 책임감을 심어줄 수 있습니다. 가령 교통비와 간식비 정도를 해결하는 수준인지, 게임기나 게임 팩, PC방 이용요금 등 포괄적인 유흥비까지 모두 용돈으로 해결하는 것인지를 사전에 미리 정해야 합니다. 용돈을 턱 없이 부족하게 주고선 이것저것 사달라는 아이들의 요구에 "용돈 줬잖아, 그걸로 써."라며 쏘아붙인다면 자녀들은 엄청난 모순에 빠지게 될 것입니다.

셋째 원칙은 일주일 단위로 용돈의 사용내역과 다음주 지출 계획을 체크하라는 것입니다. 이 원칙은 자연스럽게 용돈 기입장 관리와 이어지게 됩니다. 용돈으로 '주급'이 좋은지 아니면 '월급'이 좋은지에 대해서는 다양한 의견이 있는 게 사실입니다. 하지만 사용내역 확인 및 계획 수립 과정은 반드시 주 단위로 하는 게 좋습니다. 솔직히 말해 월 단위 지출계획은 어른들조차 힘든 일이니까요. 토요일 또는 일요일 저녁 자녀와 함께 지난 한 주를 정리하고 다음

주를 계획하는 시간을 가져 보세요.

넷째는 추가(보너스) 용돈을 받을 기회를 열어두라는 것입니다. 다만 앞서 말했듯 '공짜 용돈(보너스)'는 안 됩니다. 하지만 집안일에 대한 대가로 받는 특별 용돈은 전문가들 사이에 의견이 분분합니다. 자기 방 청소 등과 같은 당연히 해야 하는 일에 용돈을 줘서는 안 된다는 주장이죠. 가령 "동생을 안 때리면 1000원 줄께" 같은 방식은 말도 안 된다는 것이죠. 동생을 안 때리는 것은 당연한 건데 여기에 대한 대가를 지불하면 역효과를 불러일으킬 수 있다는 것입니다. 성적이 오르거나, 게임을 하지 않는 조건으로 용돈을 주는 행위도 피해야 한다는 의견이 많습니다. 일견 타당합니다. 하지만 '돈은 노력의 대가로 버는 것'이라는 개념은 어떻게든 알려줘야만 합니다. 또 '보너스'라는 개념도 필요하다고 봅니다.

다섯째는 용돈을 갖고 절약, 저축, 투자 실전에 돌입해야 한다는 것입니다. 용돈을 갖고 하는 일이 먹고 쓰는 일에만 한정될 경우 용돈을 갖고 경제교육을 시키겠다는 본래 취지는 상당부분 훼손되기 때문입니다. 그런데 여기에 관해선 조금 고민해야 할 측면이 있습니다. 용돈으로 받은 돈 등의 절반을 저축하라든지, 어린이 펀드 투자에 활용하라든지 하는 실전에 돌입하려면 규모가 어느 정도 여유 있어야 하기 때문입니다. 앞서 말한 둘째 원칙과 연관되는 부분이기도 한데요, 그래서 아이에게 용돈을 줄 때는 반드시 사전에 개괄적인 사용처에 대한 약속을 해야 합니다.

혹시 지금 자녀가 "과자 사먹기도 빠듯한 데 무슨 저축이고 투자?"라고 반문한다면 용돈 규모를 고민해야 합니다. 그래서 "아이 용돈은 조금 여유 있게 주는 게 좋다"는 주장도 나오고 있는 게 현실입니다.

이와 관련된 중요한 사안이 있는데요. 용돈에 저축 혹은 투자액을 포함시켰다면 이 금액은 반드시 사전에 떼어놓게 해야 합니다. 쉽게 말해 소비 이전에 저축, 소비 이전에 투자를 할 것을 습관화시켜야 한다는 뜻입니다. 거의 100명이면 100명의 재테크 전문가들은 이런 말을 합니다. "무조건 월급의 절반은 재테크에 활용하라!" 이때 핵심은 쓰고 남은 돈이 아닙니다. 쓰기도 전에 미리 재테크 할 돈은 떼어놓으라는 것이죠. 용돈 관리도 마찬가지입니다. 용돈을 갖고 저축과 투자를 교육할 것이라면 이 대원칙부터 철저하게 가르쳐야 할 것입니다.

용돈 관리의 액션플랜

우린 앞서 용돈과 관련된 몇 가지 기본 원칙들을 살펴봤습니다. 이제 이를 토대로 아이의 용돈 관리를 시작해야 합니다. 물론 원칙과 현실 사이에선 여러 가지 모순이 있겠죠. 대립되거나 충돌되는 부분도 있을 줄 압니다. 하지만 이때 겪는 시행착오는 큰 문제가 되지 않습니다. 가장 나쁜 것은 아예 시도조차 안하거나, 중간에 포기하는 것입니다.

먼저 실전 용돈 관리에서는 용돈의 성격을 다각화하라고 권하고 싶습니다. 용돈 예산 편성에서부터 '용도'를 정해주는 것이죠. 즉, 정기적으로 주는 용돈, 참고서 구입을 위해 주는 용돈, 친구 생일 선물 등 특별한 이벤트에 쓰라고 주는 용돈 등을 분할해서 자녀에게 주는 형식입니다. 이렇게 하면 아이들은 더 수월하게 지출관리 계획을 세울 수 있을 겁니다. 정기적 용돈과 비정기적 용돈(보너스)의 관리도 나눠서 하는 게 좋습니다. 가령 통장을 2개 마련해서 정기용돈과 보너스를 따로 관리하도록 유도하는 것입니다.

또한 용돈을 아이와의 대화 창구로 활용해야 합니다. 용돈 기입장 관리에선 '대화'가 생명입니다. 보통 용돈 기입장 관리는 아이와 함께 과거 한 주간 발생했던 일을 기록한 항목을 체크하고 예정 수입/지출 항목에 다음 주 발생할 상황을 미리 써보게 하는 형식으로 진행됩니다. 요즘 인터넷에는 다양한 용돈 기입장 양식을 구할 수 있습니다만 단순하게 수입/지출 항목, 그리고 예정 수입/지출 항목 등 2부분으로만 나눠서 하는 것이 편할 것 같습니다. 복잡하면 아이들이 힘들어 합니다.

이때 너무 용돈 기입장 관리에만 집중하지 말고 사적인 이야기를 섞어가면서 이어가도록 하십시오. 효과는 오히려 더 클 겁입니다. 가령 다음 주 예상수입 항목을 적어보는 과정에선 "다음 주엔 아빠 친구들이 집으로 놀러올 텐데 엄마 설거지 도와줄래? 그러면 보너스 용돈으로 5000원 줄게."라는 형식으로 수입계획도 정해주면서 가족의 이벤트도 함께 공유해보는 겁니다. 지출 항목별 체크를 할 때도 간식비가 너무나 많았다든지, 친구 생일선물 비용이 과했다는 등을 점검하면서 당시 생일 파티의 분위기 등도 함께 나눠보세요. 다른 친구들은 어느 정도 비용의 선물을 했는지도 나눠볼 수 있고요.

특히 지출과 관련해선 사고 싶은 물건에 대한 지출을 한 주만 미뤄보자는 권유를 종종 해보세요. "정건아, 네가 그간 절약해서 3만 원 모은 건 알겠는데. 이번에 레고 시리즈 사기 전에 우리 1주일만 더 기다려 보면 어떨까. 엄마 생각엔 곧 세일을 할 것 같아서 말이야."라면서 좀 더 생각하는 시간을 갖게 만드는 형식입니다.

소원상자와 저축그래프 또는 절약실천표

그런데 실전에서 보면 거의 대부분 아이들이 용돈 관리를 제대로 하지 못합니다. 말처럼 쉽지가 않다는 것이죠. 초등학교 3학년 아이에게 "앞으로 매주 5000원씩 줄 거야. 이걸 갖고 학용품 외에 너가 필요한 모든 걸 사야 된다."고 말하면서 용돈 관리를 시작해보세요. 해보면 알겠지만 아이들은 절대 용돈 범위 내에서 소비를 맞추지 못합니다. 용돈이 적을 수도 있고, 사고 싶은 물건 가격이 월등하게 높을 수도 있겠죠. 하여튼 힘들어 합니다. 처음엔 대부분 실패합니다. 용돈이 제대로 된 궤도에 오르려면 거의 2년 이상의 시간이 듭니다. 엄마가 직접 계획을 다 짜주고, 또 매주 이것저것 챙겨주고, 매일매일 신경을 써주어도 소용없습니다.

그래서 이럴 때는 바로 '구제 프로그램'을 활용해야 합니다. 실패하면 그만이라는 식이 아니라 어떻게든 보완해주고 격려해주는 과정이 필요합니다.

첫 번째가 '소원 상자'입니다. 예를 들어 자기 용돈으로, 또는 자기 힘으로 쉽게 구입하지 못하는 장난감을 사고 싶을 때 이를 소원 상자에다 글로 적어서 넣어두게 하는 형식입니다. 일종의 '개인신용회생정책'이라고나 할까요. 최소한 포기하거나 낙오되는 것을 막기 위한 노력이라고 생각하면 좋습니다.

이때 원하는 물건에 대한 내용을 아주 구체적으로 적게 만드는 게 '소원상자'의 키포인트입니다. 이름이 뭔지, 어디 회사 제품인지, 가격이 얼마인지, 색상과 디자인은 어떤지 등을 아주 자세하게 쓰라고 해야 합니다. 그리고 더욱 중요한 것은 지금 이 물건이 왜 필요한지에 대해 구구절절이 써 보라고 시켜야 합니다.

아이에게 "엄마가 왜 너의 소원을 들어줘야 하는지를 솔직하게 써봐. 그 이유가 타당하면 엄마가 지금 바로 들어줄게."라는 '화끈한(?)' 방법도 좋습니다. 종종 있는 일이지만 이 과정에서 아이 중 일부는 주체할 수 없었던 구입 욕구가 사라지는 것을 많이 경험하게 됩니다.

이제 이 소원상자를 열어 보고 그 이유가 타당하다면 물건 구입을 위한 구체적인 돈 모으기 방법을 아이와 함께 논의하고 실천하도록 유도해야 합니다.

이때 필요한 것이 바로 '절약 실천표' 또는 '저축그래프' 등입니다. 이러 저러한 절약을 통해서 모을 수 있는 용돈을 구체적으로 적고 이를 표로 만들어 실천하게 만드는 것입니다(절약 실천표). 또한 해당 물건 가격을 목표로 잡고 저축을 유도하는 방법(저축그래프)이기도 하구요. 이런 방법으로 용돈 기입장 관리와 함께 다각도로 아이의 돈 관리를 도와줄 수 있습니다.

전 용돈을 다 사용해버린 아이에게 '돈을 빌려주고 이자를 받는다'는 엄마도 본 적이 있습니다. '대출'이라는 제도를 일찍 가르쳐준다는 취지에서요. '구제 프로그램'으로 나쁜 것 같지도 않습니다. 다만 아이에게 빌려준 돈은 철저하게, 그리고 정확하게 되돌려 받는 자세는 꼭 필요합니다. 이자는 받지 않는다고 해도 돈을 빌려주고서는 엄마, 아빠 스스로가 그걸 까먹어버린다면 아이에겐 역효

과를 줄 수 있습니다. "빌린 돈은 언제든 떼먹을 수 있구나."라는 고
정관념을 가질 수도 있고요.

초등학교 6학년 아이에게 매주 4만 원씩, 한 달에 16만 원을 용돈으로 준다
는 학부모를 만난 적이 있었다. 당시 그 자리에 함께 있던 다른 학부모들은 이
엄마의 발언에 아주 기겁을 했다. "부자인가봐.", "너무 많은 거 아니야?", "아
이, 쯧쯧……." 등 이런 저런 반응들이 쏟아져 나왔던 것으로 기억한다. 그러
자 이 엄마는 한 술 더 떠 "어쩔 때는 그냥 아이 은행 통장으로 온라인 송금도
해요."라는 말도 덧붙였다.

난 기억한다. 그때 다른 학부모들이 이 엄마를 쳐다보는 그 눈빛들을. 예상
한 대로 이 엄마는 맞벌이 부부였다. 아이 경제교육에 관심은 참 많지만 일단
함께 해줄 수 있는 시간이 물리적으로 부족했다. 난 분위기가 너무 썰렁해져
"아이 용돈이 좀 많은 듯싶은데……. 그래도 용돈 기입장 관리는 하시죠?"라
고 웃으면서 되물었다. 속으로 '이렇게 당당하다면 분명 완벽한 용돈 관리를
하고 있을 거야'라고 생각했기 때문이다. 하지만 내 예상은 빗나갔다.

"잘 못해요. 잘 안되네요. 그냥 생각날 때 가끔 이것저것 물어보곤 해요. 그
래도 아이가 용돈을 올려달라고 할 땐 좀 집요하게 확인을 하는 편이죠."

종종 엄마들끼리 "용돈 많이 받는 맞벌이 부부 아이를 조심하라."는 말들을
많이 한다. 부모의 무관심 속에 버려진 아이가 자칫 자기 자식에게 악영향을
미칠 수 있다는 우려 때문이다. 아마도 그 자리에 있던 다른 학부모들은 이 엄
마의 아이를 경계대상 1순위로 생각할지 모르겠다.

하지만 꼭 그렇게 생각할 문제도 아니다. 분명 내 아이를 경제 독립인으로
키우는 데 용돈은 중요한 역할을 하지만 용돈 관리의 구체적 활용방법엔 왕도
가 없기 때문이다. 무엇보다 당시 이 엄마의 이야기를 더 듣고서는 난 고개를

끄덕일 수밖에 없었다.

"그래도 지금까지 문제 한 번 없었어요. 학원비야 내가 따로 내는 거고, 아이는 용돈으로 학용품 구입비, 간식비, 교통비를 모두 쓰고, 남은 돈은 저축도 해요. 월 3만 원씩 펀드 투자를 한 지도 1년이 넘었고요."

그러면서 마지막엔 정색을 하고 이런 말을 덧붙였다.

"저도 원칙이 있어요. 일단 정해진 용돈을 주면 그걸로 끝이에요. 이걸로 땡. 모든 걸 다 알아서 하라고 해버리거든요. 처음부터 아주 심하게 모질다 싶을 정도로 했더니 아이도 이젠 꽤 잘 따라와요. 강사님, 그런데 이렇게 하는 게 더 효과적인 거 아니예요?"

분명 용돈 관리에는 왕도가 없다. 앞서 소개한 엄마처럼 자신만의 확실한 관리 원칙이 있다면 분명 소기의 목적은 달성한 것이다. 오히려 문제는 원칙 없이 행해지는 용돈 관리로 아이에게 타성만 젖게 만드는 경우다. 실제로 아이의 용돈 관리를 해준다고 하면서 "여기에 3000원 쓰고, 저기에는 5000원만 써." 등과 같이 아예 부모가 모든 것을 확정 짓는 경우도 있다. 이러면 안 된다. 이건 그냥 폼만 잡는 것에 불과하다.

아이가 5, 6학년만 되도 용돈 기입장을 '허위로(?)' 기록하는 경우가 속출한다. 자기들끼리는 "엄마 속이기가 가장 쉬워요."라며 낄낄 때기도 한다. 그래서 매 주말 용돈 관리를 할 때는 돈의 기록뿐 아니라, 이 돈의 기록과 연관된 아이의 생활 기록까지 함께 논의해야 한다. 이렇게 아이의 돈 관리와 생활관리가 함께 이뤄질 때 용돈 기입장 검사의 효과도 배가될 수 있다. 내 아이 용돈 관리의 목표는 돈을 잘 다루는 게 아니다. 자신의 돈으로, 자신의 생활(삶)을 잘 맞추는 연습을 하는 것이다. 그렇기 때문에 시간이 갈수록 더 많은 것을 아이에게 맡겨야 할 필요도 있다. 의외로 아이들은 이럴 때 더 잘하는 경우가 많다. 더 많은 발전도 한다.

'부자' 의 개념을 바꿔주세요

초등학교 3학년만 되도 아이는 자기와 남의 집 자동차를 비교할 줄 알게 됩니다. 그리곤 이렇게 말합니다.

"아빠, 왜 우린 동그라미 4개 그려진 차 못 타요?"

12살만 되도 친구 집과 자신의 집을 비교합니다. 크기도 비교하고, 인테리어의 차이도 알게 됩니다. 그리고 안타깝지만 상대적인 우월감, 혹은 상대적인 박탈감을 느끼게 되죠. 그러면서 자연스럽게 '부자' 라는 말을 하게 됩니다. 보통 "수영이네 집 부자래." 라는 말로 시작해서 결국 "왜, 우린 부자가 아니야?" 라는 질문까지 오게 되죠. 그럼 부모들의 말문이 막힙니다. 어떤 부모는 미안함을 느끼고, 또 어떤 부모는 짜증을 냅니다.

TV코미디 프로그램에서 한 개그맨이 명함을 허공에 뿌리면서 "스타가 되고 싶으면 연락해." 라고 합니다. 그걸 보면서 문득 이런 생각을 해봅니다. '어디 내 아이를 부자로 만들어줄 사람은 없나'

라고요. 그런데 이에 대한 해답은 아주 명확합니다. 아이를 가장 높은 확률로 부자를 만들어줄 사람은 바로 '부모' 자신입니다.

아이에게 바라는 부자의 모습

혹시 돈이 얼마나 있으면 '부자'인지 생각해본 적 있으세요? 세계적인 투자은행(IB) 메릴린치란 곳이 있는데요. 여기서는 매년 '세계 부자 보고서'란 자료를 발간하는데, 부자의 기준을 '거주 주택 외에 금융자산을 100만 달러 이상 가진 사람들'로 잡고 있습니다. 쉽게 말해 부동산 말고 10억 원 정도를 갖고 있는 사람을 '부자'라고 평가한다는 뜻이죠. 그리고 이 보고서에 따르면 2008년 현재 대한민국에는 이런 사람들이 12만 명 정도 있다고 합니다. 4인 가족 기준으로 봤을 때 약 48만 명 정도가 '부자' 소리를 들으며 살아가고 있는 것이죠.

그럼 '빈자(가난한 사람)'는 어떤 사람일까요? 이 가난한 사람들에 대한 척도도 있습니다. 일명 '워킹 푸어(Working Poor)'라는 빈곤층인데요, 이들은 소득이 월 132만 6609원(4인 가족 기준)에 못 미치는 사람들입니다. 저축은 물론 없고요, 현재 일자리를 잃어버리면 바로 소득이 0원이 되는 사람들을 말합니다. 이런 워킹푸어는 대한민국에 2009년 상반기 현재 300만 명 정도가 존재합니다.

여기서 잠깐 생각해볼 문제가 있습니다. 내 아이를 부자로 만들고 싶다고 했을 때 이 부자는 대체 무엇이냐는 것입니다. 앞서 말한 것처럼 '자기집+현금 10억'을 갖고 있는 사람을 만들겠다는 뜻입니까? 아니면 최소한 가난한 사람 300만 명의 대열에는 끼지 않는 수준이면 만족한다는 뜻입니까?

이뿐만이 아닙니다. 혹시 아이가 "엄마, 그런데 부자들은 맨날 행복해요?" 같은 이런 질문을 던지면 뭐라고 대답하겠습니까? "돈 많으면 당연히 행복하지."라고 대답할 건가요, 아니면 "우리나라 부자들은 다 사기꾼이야. 없는 사람 등쳐서 부자 된 거야."라고 할 건가요?

돈 있는 사람과 부자는 다르다

아이에게 돈 개념을 정리해주고, 용돈 관리 등을 도와주는 과정에서 필연적으로 '부자'라는 화두가 떠오르게 됩니다. 이때 명심할 것이 있습니다. 바로 부자의 개념을 바꾸라는 것입니다. 돈 있는 사람과 부자는 다릅니다. '돈'의 개념은 현실적이고 구체적으로 알려줘야 하지만 '부자'는 10억, 50억, 100억 원 등과 같이 수치로 설명해선 안 됩니다. 그리고 역설적이지만 그래야만, 이 부자 개념을 터득해야만, 내 아이가 부자로 한 평생 살아갈 수 있습니다. 아이 때 가르쳐줘야 합니다. 부자란 '외제차'가 있느냐, 없느냐의 문제가 절대로 아니라는 것을요.

★ 부자는 선택에 대해 책임질 줄 아는 사람 ★

부자란 자신이 직접 선택할 줄 알고, 이 선택에 대해 책임질 줄 아는 사람입니다. 어서 빨리 '기회비용'에 대해 아이에게 말해주세요. 인생에선 대부분의 경우 어떤 하나를 선택하면 다른 선택의 기회는 사라집니다. 이때 희생되는 다른 기회의 가치를 경제학에선 '기회비용(opportunity cost)'이라고 합니다. 예를 들어 중국 음식점에서 자장면과 짬뽕 중 자장면을 선택하면 이때 짬뽕이 바로 기회비용이 됩니다. 아이에게 꼭 자신이 직접 선택할 기회를 주고, 또 이와 함께 기회비용에 대한 책임을 물어야 합니다.

그리고 이와 함께 자신이 내린 선택에 대해 만족하는 법을 알려줘야 합니다. 누나가 시킨 짬뽕이 더 맛있지만 그래도 자신이 고른 자장면이었기에 일단 맛있게 먹는 자세를 들여야 합니다. 이런 게 부자입니다. 선택할 줄 알고, 책임질 줄 알아야 합니다. 이걸 못 배우면 평생 가난하게 삽니다. 자산이 100억 원이 있어도 가난합니다.

★ 부자는 의존하지 않고 홀로 설 줄 아는 사람 ★

부자의 둘째 개념은 '독립심'입니다. 앞서 우린 어린이 경제교육의 핵심을 '경제적 독립인' 만들기라고 정리했습니다. 이것과 궤를 같이 합니다. 부모에 의존하지 않는 독립심을 길러주세요. 어릴 때 독립심을 길러줘야 평생 부자로 살 수 있습니다. 부자는 홀로 설 줄 아는 사람입니다. 진부하게 들릴지 몰라도 혼자서 밥을 먹고, 혼자서 방 정리를 하고, 혼자서 준비물을 챙기고, 혼자서 식당에서 음식을 시키고, 혼자서 장난감을 고르는 등 '혼자서'가 가능한 아이로 키워야 합니다. 어릴 때 '혼자서'가 익숙한 아이는 커서도 혼자할 수 있습니다.

★ 부자는 돈을 제대로 사용할 줄 아는 사람 ★

셋째는 자신의 돈을 제대로 사용할 줄 아는 사람입니다. 부자란 자신이 갖고 있는 돈을 가장 효율적으로 운용하는 사람이라는 뜻입니다. 그런데 돈을 효과적으로 사용하는 방법을 교육하기가 참 어렵습니다. 어떻게 쓰는 것이 잘 쓰는 것인지 부모자신들도 잘 모를 때가 많습니다.

이럴 땐 먼저 '절약'과 '절제', 이 2가지에 집중하세요. 아이 손잡고 은행에 안 가도 되고, 굳이 펀드나 주식에 대해 안 가르쳐도 됩니다. 조금 덜 쓰고, 덜 먹고, 조금 더 아끼는 습관으로 시작하세요.

유태인 속담에 "급료가 적을수록 죽도록 저축하라. 그렇지 않으면 수입이 늘어도 절대로 저축할 수 없다."는 말이 있습니다. 재테크의 기본도 '절약'입니다. 저축, 투자, 대출 등도 모두 절약에서 출발합니다. 돈을 아껴 쓸 줄 알면 당연히 돈을 효과적으로 사용할 줄 알게 됩니다. 이건 교육학적으로, 경제학적으로, 그리고 역사학적으로 이미 증명된 사실입니다.

★ 부자는 나눌 줄 아는 사람 ★

넷째로 부자는 나눌 줄 아는 사람입니다. 우리는 앞서 돈의 개념을 정리하면서 기부와 나눔이 내 아이를 '돈의 주인'으로 만드는 데 큰 역할을 한다고 배웠습니다. 마찬가지입니다. 나눌 줄 아는 사람은 '인생의 주인'으로 살아갈 수 있습니다. 베풀 줄 알아야 주인이 됩니다. 받는 것에만 익숙한 사람은 평생 종으로 밖에 살 수 없습니다. 주지도, 받지도 않은 채 살아간다면 그건 그냥 거리에 지나가는 행인일 뿐이고요.

미국에선 부자 순위와 기부 순위가 거의 일치합니다. 지난 2002년부터 2006년까지 5년간 미국 내 두 번째 갑부인 워렌 버핏은 461억 달러를 기부해 1위에 올랐고, 미국 최대 부호인 빌 게이츠 마이크로소프트사 회장은 37억 달러를 기부해 2위를 차지했습니다. 이어 3위는 선 아메리카를 경영하는 엘리 브로드(11억5000만 달러), 4위는 조지 소로스 소로스 펀드 매니지먼트 회장(11억 달러), 5위는 존 클러지 메트로 미디어 회장(7600만 달러) 등 순입니다. 쟁쟁한 부호들이 정말 쟁쟁하게 기부를 합니다.

내 아이에게 작은 것이라도 나누는 습관을 길러주세요. 피자 한 쪽을 형제와 나눌 줄 알고, 친구와 나눠 먹어야 한다는 걸 알려줘야 합니다. 작은 것을 나눌 줄 알아야 큰 것도 나눕니다. 말로만 이야기해도 되냐고요? 말로만 이야기해도 됩니다. 아이이기 때문에 가능합니다. 아이들은 대부분 몰라서, 못 들어서 못할 때가 많습니다.

'부자 아빠'는 결코 집에 돈을 산더미처럼 쌓아놓은 아빠가 아닙니다. 월 200만 원 하는 영어유치원에 아이를 보내지 못한다고 해서 '가난한 아빠'가 되는 것도 아니고요. 착각해선 안 됩니다. 앞서 말한 '부자'란 개념을 정확히 교육시켜 주는 아빠가 '부자 아빠'입니다. 그래야만 내 아이가 '부자 아들', '부자 딸'로 성장할 수 있습니다. 지금 당장 '부자 아빠', '부자 엄마'가 돼보세요.

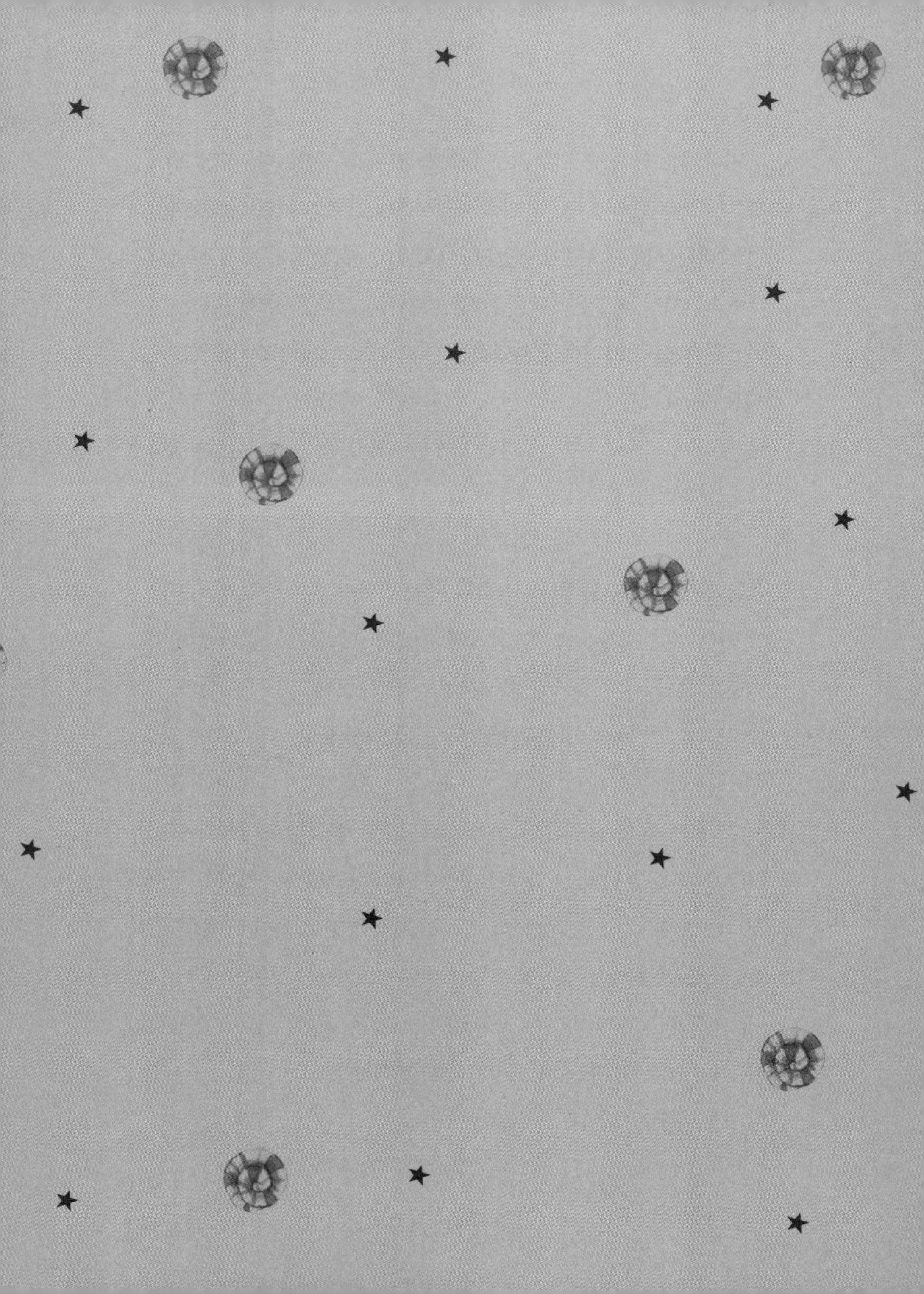

제4부

"직접 해보고 느끼고 몸으로 기억하렴"

경제 독립인으로 키우는 실전 프로그램

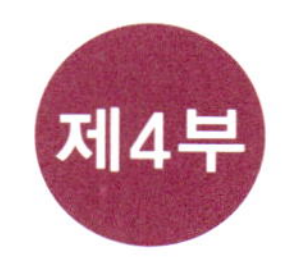

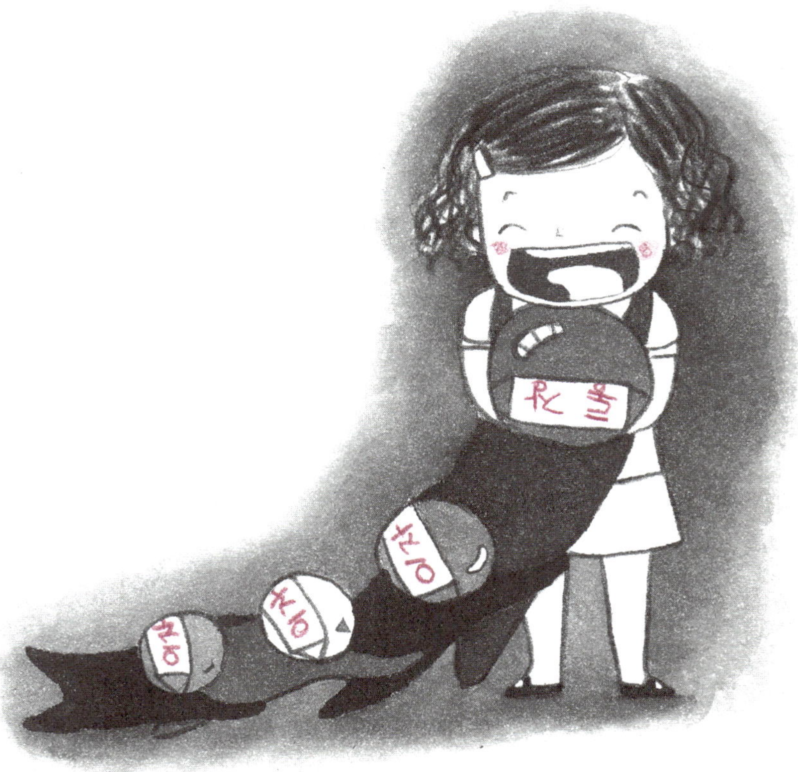

　　　　　　　　　　이번엔 '실전'입니다. '실습'이라고 해도
좋습니다. 경제적 습관을 익히고, 숫자력도 키우고, 돈에 대한 개념
도 잡고, 다양한 경제/금융 지식도 익혔다면, 이제 현실에서 직접
경험해볼 차례입니다. 이번 장에서는 이처럼 저축, 주식과 펀드, 보
험, 그리고 소비와 관련된 '실전'에 대해 살펴보도록 하겠습니다.
크게 '저축-투자-소비'라는 3단계 메커니즘을 설명한다고 보면
될 것 같습니다.

　현재 어린이 경제교육과 관련해 꽤 많은 아이들이 일찍부터 저
축과 주식, 펀드 등 다양한 형태의 실전 트레이닝을 받고 있습니
다. '아이가 무슨……' 이라고 생각할지 모르겠지만 2009년 상반기
현재 국내 어린이 펀드의 설정액은 2조 8000억 원에 달하고 있습
니다.

　실전 연습이 중요한 이유는 '지식' 때문이 아닙니다. '돈'을 벌
기 위해서는 더욱 아니고요. 핵심은 바로 '이해'입니다. 실전 경험
을 통해 몸으로 직접 감을 익혀보는 것이지요. 예를 들어 아이에겐
저축의 이자 개념을 이론으로 백날 설명하는 것보다 자신의 통장에
찍힌 이자 액수가 더 직접 와 닿습니다. 주식도 마찬가지입니다. 아
이의 주식 투자 실습은 수익을 내려고 하는 게 아닙니다. 주가(주식
가격)의 등락을 보면서 왜 오르는지, 왜 내리는지를 아이 스스로 생
각해보게 만드는 게 목적입니다. 그러면서 자연스럽게 경제(경기)

의 흐름을 따라가는 것이죠. 이렇게 주식을 이해하면 어른이 됐을 때 말도 안 되는 투자를 하지 않습니다.

그런데 종종 이런 핵심 목적과 원칙들이 무시될 때가 많습니다. 아이가 어린이 펀드에 투자를 하면서 수익률 등락에 안달복달한다면 이건 잘못되어도 아주 크게 잘못된 것입니다. 이것이야말로 내 아이를 '돈의 노예'로 만드는 지름길입니다. 이럴 바에야 굳이 아이에게 실습을 할 필요가 없습니다. 부모들은 항상 이 점을 명심하고 있어야 합니다.

초등학교 4학년 정도면 은행과 관계를 맺는 법을 배워야 합니다. 예금이자와 대출이자 차이인 일명 '예대마진'에 대해 이해하고, 자신이 은행에 저축한 돈이 어떻게 쓰여, 어떤 일을 하는지도 알고 있어야 합니다. 하지만 이것보다 더 중요한 것은 아이 스스로가 저축 목표를 세우고 이를 실천하는 것입니다. 1주일에 1000원, 또는 한 달에 1만 원을 저축하면 6개월, 1년 후에 이자와 함께 얼마의 금액이 되는지를 파악하고 이 목표를 지켜내는 일입니다. 그리고 끝까지 완성해보는 게 중요하다는 것을 몸으로 체득하게 해줘야 합니다.

자녀들의 돈 교육 실습에선 은행 저축이 가장 보편적입니다. 주식 투자, 펀드 투자는 높은 리스크(위험) 때문에 부모 스스로 기피하고 있기 때문입니다. 하지만 자녀의 어린 나이를 감안하면 '투쟈' 라는 개념을 이해하고 장기 투자, 가치 투자 습관을 익히는 가장 좋은 방법이 주식과 펀드라는 점은 부인할 수 없습니다.

물론 어린이 투자에 대해선 반대 의견이 많습니다. 교육학자에 따라서 18세 이전까지는 은행 저축만으로 실습은 충분하다는 분도 계십니다. 하지만 주식만큼 경제를 빠르게 이해시키는 수단도 없습니다. 결국 이 부분은 부모 스스로 선택해야 할 것 같습니다.

어린이가 무슨 주식 투자냐고 반문할지 모르겠습니다. 하지만 현행법상 아무런 문제는 없습니다. 부모가 자신의 신분증과 아이의 이름이 기록돼 있는 주민등록등본을 갖고 아이와 함께 증권사를 찾아가 미성년자계좌 개설해 달라고 하면 됩니다. 물론 이 계좌에 몇억 원씩을 넣고 거래하면 단박에 당국의 '조사(?)'를 받게 될 것입니다. 반면 증권사 홈트레이딩 시스템(HTS) 다운로드나 활용은 아이가 더 능숙할 것도 같네요. 개인적으로는 어린이 펀드 투자를 추천합니다. 펀드의 경우 저축과 주식 투자의 성격을 골고루 갖고 있어 교육적 효과는 매우 높습니다.

보험에 대한 교육도 필요합니다. 보험 실습교육의 경우 애매한 부분이 있지만, 미래의 위험에 대한 대비책과 인플레이션이란 관점에서 아이에게 알려주면 효과가 높아질 것입니다.

혹시 초등학교 사회 시간에 배웠던 '경제의 3요소'를 기억하십니까. 바로 생산, 소비, 분배 활동입니다. 이처럼 소비는 경제 활동의 중요한 부분을 차지하고 있습니다. 아이들도 마찬가지입니다. 항상 장난감이나 과자를 사달라고 조르죠. 착한 아이, 말 잘 듣는 아이도 예외는 없고, 자기 통제가 가능한 중학생도 마찬가지입니다. 더 고가의 상품을 사달라고 요구한다는 것 말고 차이는 없습니다. 그리고 이런 요구에 항상 시달려야 하는 게 바로 부모들입니다. 그 어떤 부모도 피해갈 수 없는 '숙명'이죠.

하지만 이런 숙명을 통해 아이의 소비 활동을 바로잡아줄 수 있습니다. 특히 어린이는 소비에 있어 심리적인 요인이 많이 작용하기 때문에 여기에 대해서도 주의를 기울여야 합니다.

저축을 통해 이자의
개념을 가르친다

아이 손을 잡고 은행으로 가기 전에 먼저 할 일이 있습니다. 바로 은행은 어떤 일을 하는 곳인가에 대한 설명과 저축이자에 대한 개념 정립입니다. 그리고 저축을 왜 해야만 하는지에 대한 '대의명분'도 확실하게 알려줘야 합니다.

통장을 만들고 저축활동을 시작해 어느 정도 기간이 지나면 1년 정도 기간을 두고 정기적금에 도전하게 해주세요. 이처럼 목표를 정하고 일정 기간 버텨내면서 이를 달성하는 '정상의 경험'을 꼭 깨닫게 해줘야 합니다. 이 정도만 한다면 정말 최고의 저축 교육이라고 불러도 손색이 없습니다.

아이 명의 통장을 만들려면 주민등록증이 없는 유치원생, 초등학생은 부모님 신분증과 자녀임을 확인할 수 있는 주민등록등본이 필요합니다. 이 과정을 통해 우리나라는 '금융실명제'를 실시하고 있어 돈의 실제 주인 이름으로 통장을 만들어야 한다는 사실을 알려 주면 좋고요. 은행에서 예금가입 신청서에 이름과 주민등록번호, 주소, 전화번호, 비밀번호 등을 기록하는 것도 혼자 힘으로 해보면 좋은 실습이 됩니다.

은행과 이자 설명하기

은행에 대해서는 "돈 있는 사람에게 돈을 받아서 돈이 필요로 하는 사람에게 빌려주는 곳이야."라는 정도의 설명이 좋을 것 같습니다. 그러면 아이에 따라서 다르겠지만 대부분 이런 질문이 이어질 것입니다.

“아빠, 그러면 돈 없을 때 은행에 가서 돈 달라고 하면 무조건 빌려줘?” 또는 “그럼 내 돈을 은행에 갖다 주면 난 뭘 받는데?” 등의 물음입니다. 그럼, 이제 자연스럽게 ‘이자’ 라는 것을 말해주면 됩니다.

“그래서 은행은 돈을 저축한 사람에게 이자라는 것을 준단다. 은영이 네가 저축한 돈의 일부만큼 너에게 주는 거야. 반대로 은행에게 돈을 빌려간 사람은 이자를 내야 해. 자기가 빌려간 돈의 일부만큼 은행에 내야 하는 거지.”

그러면서 은행은 바로 이 예금이자와 대출이자의 차이를 통해 수익을 남긴다는 사실도 함께 알려 주세요. 이처럼 아이 때 ‘돈을 저축한 대가로 받는 이자(예금이자)’ 와 ‘돈을 빌려간 대가로 내는 이자(대출이자)’ 의 개념을 이해하고 그 차이(예대마진)를 이해하면 어른이 돼서도 금융에 대해 별 어려움이 없이 다가갈 수 있습니다. 무엇보다 ‘예대마진’ 의 개념을 한번 깨닫게 되면 추상적으로만 인식되는 은행에 대해 구체적으로 다가갈 수 있게 됩니다.

저축의 ‘대의명분’ 이 필요하다

‘선택’ 과 ‘기회비용’ 이라는 측면에서도 이자를 이해시킬 수도 있습니다. “이자는 현재 네가 안 쓰고 저축한 노력에 대한 상금이야. 그런데 네가 저축하지 않고 바로 돈을 써버린다면 이 상금을 허공에 날려버리는 거야."

그런데 이때 주의할 점이 있습니다. 이자 개념은 중요하지만 아이에게 "넌 이자를 받기 위해서 저축을 해야 한다."라고 가르쳐서는 안 된다는 것입니다. 왜냐하면 이럴 경우 많은 아이들이 "난 이자 필요 없는데?"라는 입장을 취할 수 있기 때문입니다. 그만큼 돈에 대한 욕구가 크지 않을 수도 있습니다. 그래서 저축의 목적을 이자로 한정해선 안 됩니다.

저축의 이유에 대해서는 "네가 저축을 해야만 돈이 필요한 사람들이 돈을 빌려갈 수 있어." 라는 설명이 더 적절합니다. 그리고 초등학생 5~6학년의 아이라면 기업에 대한 이야기를 함께 해주면 저축에 대한 대의명분이 더욱 명확해집니다.

"네가 저축한 돈을 대한민국 기업들이 빌려가서 그 돈으로 더 좋은 물건을 만들어내는 거야. 그러니까 저축을 많이 할수록 우리나라 경제는 더욱 좋아지게 되지. 어때?"라고요.

은행 정기적금 실습

초등학교 4학년 이후 '퍼센트(%) 개념'을 숙지하고 스스로 계산할 줄 알게 되면 이제 은행적금에 도전해야 합니다. 1년 기간의 정기적금이면 좋을 것 같습니다. 1년이 넘는 장기 상품의 경우 교육 효과가 떨어지는 측면이 있습니다.

먼저 아이와 함께 용돈 중 어느 정도를 저축에 할애할 수 있을지를 정해야 합니다. 특히 적금 같은 정액저축은 단순히 절약해서 남는 돈을 저축하는 차원이 아닙니다. 그래서 '용돈 관리' 편에서도 밝혔지만 기존 용돈에 저축(정기적금)액을 포함시키지 않았다면 이를 포함한 용돈 인상에 대해 고려해보는 것이 좋습니다. 예를 들어 월 3만 원을 적금하는 저축계획을 세웠다면 이중 2만 원은 용돈에 추가 책정하고, 나머지 1만 원만 아이 스스로 절약해서 채워 넣는 방식입니다.

정기적금을 직접 해보게 되면 '단리'와 '복리'에 대해 느낄 수 있게 됩니다. 또 세금에 대해서도 생각해보게 됩니다. 가령 아이가 연 4% 이자율에 월 1만 원씩 저축하는 정기적금에 가입했다고 해볼게요. 그럼 아이는 1년 후에 자신이 얼마를 받을 것인지 계산해볼 수 있는데, 대부분 다음과 같은 답을 내놓습니다.

"아빠, 1년간 매월 1만 원씩 은행에 넣는 돈이 12만 원이고, 여기에 4% 이자를 주니까, 이자는 4800원이 되죠. 그럼 1년 후에 난 12만 4800원을 받게 되겠구나."

하지만 이건 정답이 아닙니다. 해보면 알겠지만 이자는 채 4000원도 되지 않습니다. 먼저 적금의 단리 구조 때문이고, 둘째는 세금

(이자소득세 15.4%) 때문입니다. 은행정기적금은 원금에 이자가 붙고 다시 '원금+이자'에 또 이자 붙는 복리 구조가 아닙니다. 안타깝게도 단리입니다. 예를 들어 아이가 첫 달에 저축한 1만원에는 12개월치 이자가 붙지만 두 번째 달에 저축한 1만원에는 11개월치 이자, 세 번째 달 1만 원은 10개월치 이자만 붙게 됩니다. 결국 연 4% 이자율이 모두 적용되는 돈은 첫 달에 낸 1만 원뿐입니다.

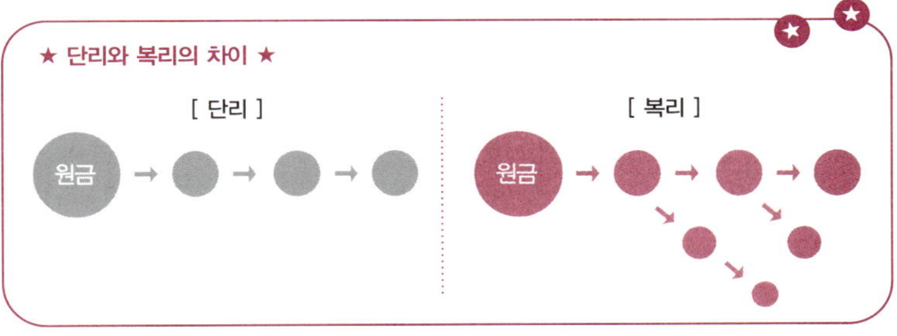

게다가 저축 이자에는 '세금'이 붙게 됩니다. 정확하게 말하면 이자소득세인데요, 이 때문에 아이가 실제 손에 쥐는 이자는 더 적어지게 됩니다. 하지만 혹시 아이가 "내가 저축한 돈인데 왜 세금이란 것을 가져가는 거예요?"라는 물음을 던진다면 교육적 효과가 꽤 크다고 기뻐하면 될 것 같습니다.

아이가 1년 간 은행 적금을 붓게 되면 정말 많은 것을 배울 수 있습니다. 돈 문제가 아닙니다. '정상의 경험'이고 성취감이고, 자신감입니다. 그래서 부모는 아이가 자신의 힘으로 끝까지 만기를 채우도록 격려해줘야 합니다. 그렇지만 중간에 아이가 힘들다고 바로 금전적으로 도와주는 방식은 곤란합니다. 대신 아이가 비정기적 용돈을 받을 수 있도록 다양한 '구제 프로그램'을 활용해 끝까지 혼자 힘으로 완성할 수 있도록 도와줘야 합니다. 은행정기적금 통장의 주인은 부모가 아니라 바로 아이 자신이니까요.

★ CMA 가입을 통해 아이를 증권사와 친해지게 하자

아이들은 물론이고 어른들 중 상당수도 은행과 증권사 자산운용사의 개념을 헷갈려 한다. 가령 어떤 펀드를 가입했냐는 질문에 "국민은행 펀드 들었어."라는 생뚱맞은 답변을 한다. 또한 은행으로 찾아가 CMA에 가입하겠다는 이야기를 해 창구직원을 당황하게 만든다. 최근엔 '금융투자회사'라는 새로운 단어까지 등장해 일반인들은 더욱 당황스럽다.

간단하게 말하면 은행은 예금과 대출을 통해 수익을 창출하는 곳이고, 증권사는 주식 및 파생상품 운용 및 관련 상품 판매와 기업 인수 및 합병(M&A), 기업 공개 등을 통해 이익을 남긴다. 반면 자산 운용사는 펀드를 만들고 이를 실제 운용하는 곳이다. 그래서 은행이나 증권사에서 펀드에 가입할 수는 있지만 '**은행 펀드', '##증권사 펀드'라고 말하지 않는다. 펀드를 직접 운용하는 곳은 바로 자산 운용사이기 때문이다. 최근 등장한 금융투자회사는 자본시장통합법에 따라 증권사, 자산 운용사 등 은행을 제외한 주식, 채권, 부동산 및 선물 사업 분야 기관이 한데 합쳐져 업무를 수행하는 곳이라고 생각하면 된다.

특히 어린이 경우 은행뿐 아니라 이제 증권사(금융투자회사)와도 친해져야 할 필요가 있다. 저축뿐 아니라 투자와도 친해져야 하기 때문이다. 이를 위해 가장 좋은 방법은 바로 증권사의 'CMA통장 가입'이다.

CMA(종합자산관리계좌, Cash Management Account)란 쉽게 말해 은행 입출금통장을 생각하면 되는데 대신 이자가 잔고에 대해 일 단위로 붙는다고 보면 된다. 1년에 365% 이자를 준다면 매일 1%씩 이자가 붙는 구조다. CMA통장의 경우 고객이 넣은 돈을 국공채, 은행채, 회사채, 할인어음 등에 투자해 은행 보통예금에 비해 상대적으로 높은 이자를 지급한다. 가령 종자돈 1000만 원을 은행 보통예금통장에 묻어두었을 때 3개월 후 이자는 2500원 정도지만 CMA(년 3.7% 이자율 기준)는 3개월 후 9만 2500원 정도의 이자가 붙는다. 수익률(이자율) 수준은 각 증권사 CMA마다 다르지만 기준금리 대비 1%~1.5% 포인트 정도 높게 형성된다.

일반적으로 어린이들은 증권사를 출입할 일이 매우 드물다. 그래서인지 은행은 편안하게 생각하면서도 증권사에 대해 거부감을 갖는 아이들이 꽤 많다. 그래서 최근에는 아이에게 은행통장 대신 CMA통장을 가입시켜 돈을 관리시키는 부모들이 꽤 많아졌다. 증권사에 대한 거부감을 낮추고 일 단위로 이자가 붙는 구조를 통해 돈에 대해 더 많은 애착을 갖게 해주기 위해서다. 특히 최근 증권사는 금융투자회사라는 이름으로 대형화되고 있어 CMA계좌는 다양한 투자 상품을 접하게 되는 교두보가 된다. 아이가 직접 투자하지 않더라도 관련 지식을 쌓는 계기가 될 수 있다. 최소한 원금손실에 대한 '위험(risk)'만 제대로 깨달아도 훌륭한 경제교육이 됐다고 할 수 있겠다.

생활 속에서 투자 개념을 익힌다

이번엔 투자에 대한 이야기입니다. 저축과 투자, 이 2가지는 성인들이 돈을 모으는 방법인 일명 '재테크'의 양대 축입니다. 그렇지만 2000년대 초반까지 어린이 경제교육에 있어 '투자'는 없었습니다. '투자'라는 단어가 사용되지 않았고, 아예 '투자교육' 자체가 없었다고 보면 됩니다. 주로 절약과 저축 등 2가지 방식으로만 진행됐죠. 따라서 1990년대 태생 이전의 아이들은 투자교육 자체를 받지 않았다고 해도 과언이 아닙니다.

그런데 대한민국 경제가 선진화되면서 원금을 손해 볼 가능성이 없는 저축상품에 대한 이자율이 급격하게 하락했습니다. 그래서 어른들이 먼저 '저축에서 투자'라는 쪽으로 생각을 급선회했고, 이어 아이 경제교육에서도 투자의 중요성이 급부각 됐습니다.

그런데 아이에게 '투자'라는 개념을 설명하기가 어렵습니다. 그래서 일단 생활 속에서 투자라는 말과 친해진 후 저축과 비교해서 비슷한 점과 차이점을 말해주는 방식으로 진행해야 합니다.

투자에 대한 생활 속 실천은 빠를 필요는 없습니다. 12~15살 정도가 적당합니다. 특히 실전은 저축에 대한 충분한 실습을 한 후에 도전해야 한다는 점을 유의해야 합니다.

투자의 3가지 개념-노력, 가능성, 위험

투자에 대한 개념을 잡아주기 위해서는 먼저 현재의 노력이라는 점을 강조해주십시오. 자신이 갖고 있는 무언가를 '지불(희생)' 해야 한다는 개념입니다. 생활 속에서 '투자' 라는 말을 의도적으로 자주 쓰는 것도 한 방법이 됩니다. 가령 "희선아, 훌륭한 피아니스트가 되고 싶다고 했지? 그럼 하루에 5시간은 피아노 연습에 투자해야 돼. 이렇게 투자해야만 꿈을 이룰 수 있단다." 혹은 "그것 봐. 무조건 물놀이 갈 게 아니라 수영 배우는 데 시간을 투자했었어야지." 등과 같은 방식이면 좋습니다.

다음엔 투자를 했을 때 나오는 결과가 다양하다는 '가능성' 을 알려줘야 합니다. 투자의 긍정적인 측면입니다. 이때부터는 저축과 비교를 해주면 개념정리가 더 명확해집니다. 그래서 투자는 저축연습을 한 후에 시작하는 게 효과적인 것입니다.

"네가 모았던 15만 원을 은행에 저축하면 1년 후 이자가 9180원이 붙어. 그런데 이 돈을 투자하면, 어떻게 투자하는가에 따라 받는 이자(수익)가 더 커질 수도 있어."라는 형식입니다.

그러면 아이는 바로 "그런 게 있었어?"라던가 "어디에 투자하는 건데?", "어떻게 투자하는 건지 알려주세요." 등의 반응을 보이게 됩니다. 이럴 경우 본격적으로 주식, 펀드 등 투자상품에 대해 교육할 수가 있습니다.

마지막으로는 '위험' 에 대한 설명입니다. 투자가 갖고 있는 한계이기도 하죠. 쉽게 말해 '원금손실' 입니다. 열심히 노력했는데도 불구하고 원하는 결과가 나오지 않을 수 있다는 사실이기도 합니다. 특히 '위험' 은 투자와 관련해 확실하게 알려줘야 할 부분입니다. 이 부분을 말할 때는 표정을 심각하게 짓는 것이 좋습니다. 지금 아주 중요한 말을 하고 있다는 것을 아이에게 본능적으로 느끼게 해줘야 합니다.

"저축은 그 결과가 확실하잖아. 그런데, 투자는 달라. 더 좋은 결과도 얻을 수 있지만 더 나쁜 성과도 나올 수 있어. 네가 2년간 모았던 돈이 한 순간에 다 없어져 버릴 수가 있어. 그러니까 투자를 할 때는 더 많이 공부하고, 더 많이 신경 써야 해."

"저축을 하면 언제나 이자라는 것을 얻을 수가 있어. 그런데 투자는 달라. 저축 이자에 해당하는 '수익' 이라는 것도 얻을 수 있지만 반대로 '손실' 을 볼 수도 있어."

　　그런데 이 ‘위험’
을 설명할 때는 한 가지 사안
을 더 말해줘야 합니다. 자칫 투자
의 위험만 너무 강조하다 보면 아이가
위축될 수 있기 때문입니다. 그래서 이때는
위험과 결과의 관계를 이해시켜줘야 합니다.

　　‘하이 리스크-하이 리턴’ ‘로우 리스크-로우 리턴’ 이라는 고위
험 고수익, 저위험 저수익 개념 아시죠? 바로 이걸 설명해주는 겁
니다. 앞서 배웠던 ‘확률’ 개념과 병행해 교육하면 더욱 좋습니다.

　　“그런데 모든 투자가 위험한 건 아니야. 위험한 투자가 있고, 반
면 덜 위험한 투자가 있어. 가령 내일 시험에 나온다고 선생님이 준
프린트 물을 오늘 저녁 공부하는 건 좋은 시간 투자가 될 수 있어.
성공확률이 높잖아. 그런데 너 복권 알지? 이건 정말 위험한 투자
야. 당첨될 확률이 아주 낮잖아. 그래서 이런 건 투자라고 부르지도
않는단다. ‘투기’ 라고 하지.”

　　이 밖에 투자와 관련해선 ‘포트폴리오’, ‘주기(싸이클)’, ‘기대수
익률’ 등의 개념이 있지만 일단 3가지 개념만 확실하게 정립시켜도

충분할 것 같습니다.

　굳이 선진국을 그대로 따라가고 싶지는 않지만 선진국의 어린이 경제교육을 보면 절약(소비), 저축, 투자의 3개 파트가 동등한 비중을 갖고 있습니다(물론 선진국도 아이 경제교육에선 절약에 대한 비중이 가장 큽니다). 그런데 우리나라에선 ‘절약–저축’ 등 2가지로만 진행되고 있죠. ‘투자’에 대한 부분이 무시되고 있는 게 현실입니다. 하지만 투자교육을 포기해선 안 됩니다. 가령, 투자를 모르면 아이에게 ‘불로소득’에 대한 이야기를 할 수 없습니다. 노동이 아닌 돈이 돌아다니면서 돈을 벌어와 준다는 개념은 투자와 함께 해야만 설명됩니다. 저축으론 이해시킬 수 없죠. 그래서 저축 개념만 알고 있는 아이는 ‘불로소득’을 아주 부정적인 것, 절대로 하지 말아야할 것으로 인식하게 됩니다. 그런데, 과연 ‘불로소득’이 정말 나쁜 것일까요? 아닙니다. 노후설계를 위해선 ‘불로소득’이 반드시 필요합니다.

　한편, 투자와 관련해선 주의해야 할 것이 있습니다. 아이가 ‘노동과 보상’에 대한 경제적 습관이나 저축 실전을 확실하게 익힌 후에 비로소 투자교육을 실시해야 한다는 것입니다. 이렇게 하지 않으면 아무리 투자를 가르쳐도 아이는 투기에만 몰두하는 현상이 나타나곤 합니다. 그래서 투자교육의 연령대가 12살 이후로 맞춰진 것이고요. 그 유명한 ‘투자의 대가’ 워렌 버핏도 만 11살 때 주식 투자를 시작한 것으로 알려져 있습니다.

어린이 주식 투자 실습

어린이 투자교육은 크게 주식 투자와 펀드 투자로 나뉩니다. 하지만 아직도 어린이(또는 미성년자)에게 주식 투자 실습을 시키는게 좋은 가에 대한 논란은 남아있습니다. 주식시장이 '살아있는 투자 교육장'이라는 사실을 부인할 수 없지만 어린이에겐 모의 주식 투자 정도가 적당하다는 주장도 많습니다. 하지만 은행저축이 그렇듯 주식 투자 역시 '실전'을 펼쳐야만 효과는 극대화됩니다.

만 20세 이전 미성년자라도 증권계좌 개설은 가능합니다. 주식 투자도 할 수 있습니다. 다만 증권사 또는 은행 별로 그 과정이 조금씩 차이가 있을 뿐입니다. 하지만 부모(법정대리인)의 실명확인과 아이와의 관계를 증명할 수 있는 가족관계서류만 구비한다면 아이의 증권계좌 개설에는 별 어려움이 없을 겁니다.

주식 매매는 컴퓨터를 통해 각 증권사의 홈트레이딩시스템(HTS) 프로그램을 설치하면 됩니다. HTS란 'Home Trading System'의 약자로 인터넷을 통한 주식거래 프로그램을 의미합니다. 과거와 달리 전표나 전화 거래 대신 온라인 거래를 하는 것이죠. 초등학교 5~6학년 이상이라면 HTS를 통한 매매 자체에는 어려움을 느끼지 않습니다. 실전 연습은 크게 5단계로 나눠 진행하십시오.

★ 1단계 : 주식에 대한 이론 공부 ★

주식의 개념을 알기 쉽게 알려주세요. 주식이란 무엇인가에서부터 시작해 아이들의 질문에 답하면서 피상적인 주식 개념을 구체화시키는 과정입니다. 어렵게 생각할 필요는 없습니다. 일단 쉽고 간략하게 말해주는 게 포인트입니다.

★ 2단계 : 증권계좌 개설 ★

2단계는 앞서 말한 증권계좌 개설입니다. 종종 증권사와 은행, 자산 운용사(펀드를 운용하는 곳)에 대해 헷갈려 하는 아이들이 있습니다. 아예 증권회사를 '주식'으로 말하는 아이도 많습니다. 증권사에 대해 자세히 설명하기 어렵지만 주식을 매매할 때 도움을 주는 곳이라는 점은 알려주세요.

★ 3단계 : 투자 금액과 투자 대상 고르기 ★

3단계는 투자 금액 규모를 정하고 이 규모에 맞춰서 투자 대상을 고르는 과정입니다. 자신의 용돈 중 얼마를 투자할 것인가를 먼저 정해놓고 투자하는 습관은 정말 중요합니다. 이것은 습관이라기보다 하나의 '원칙'이 돼야 합니다.

어떤 주식에 투자할 것인가에 대해서도 아이와 함께 토론해야 합니다. 단순히 주식 하나 찍어놓고 "한번 해볼까?"하는 식이면 곤란합니다. 이런 주식 투자교육이라면 차라리 하지 않는 것이 좋습니다. 가령 "준혁아, 뭘 만드는지 정확히 알고 있는 회사에만 투자하자."는 원칙을 세워보십시오. 그래서 아이 주식 투자 경우 게임 회사나 캐릭터 회사의 주식을 매매하는 경우가 많습니다.

★ 4단계 : 실제로 주식 매매하기 ★

4단계는 실전 주식 매매과정입니다. HTS를 이용해 가격과 수량을 확인해 주문을 넣고 이 주문이 체결되는 과정을 체험시켜 봅니다. 크게 매수와 매도로 나뉘는데, 주식을 사고, 또 산 주식을 되파는 것이죠. 이때도 원칙이 필요합니다. 그냥 샀다가 팔고, 또 다시 사는 과정을 기계적으로 반복하면 안 됩니다. '몇 % 오르면(내리면) 판다' 는 식의 원칙을 세워 투자하게 해야 합니다.

'술은 어른한테 배워야 한다' 는 말을 들어보셨지요? 왜냐면 술은 첫 번째 습관(기억)이 평생을 따라 다니기 때문입니다. 최초 몇 번의 술자리에서 술을 먹고 우는 버릇이 생긴 사람은 평생 딱 그만큼 술을 마시면 울기 시작합니다. 또한 처음 술을 배울 때 싸우는 일을 반복했다면 이 사람은 평생 어느 정도 술을 마시면 여지없이 싸웁니다. 자신의 의지와 상관없이 몸이 기억해 버렸기 때문이죠.

투자도 마찬가지입니다. 아이 때 명확한 원칙을 세워 투자하는 법을 익혀야만 이게 평생을 갑니다. 아무리 주위에서 어서 빨리 어떤 주식에 투자 하라고 감언이설로 유혹해도 잘 알지 못하는 회사 주식에는 절대 손이 가지 않습니다. 거의 본능처럼요.

그런데 이 실전 주식 매매과정은 현실적으로 힘듭니다. 왜냐하면 주식시장이 열리는 시간은 오전 9시부터 오후 3시까지 인데 학교를 다니는 아이가 이 시간에 주식을 사고 팔 수는 없으니까요. 그래서 이 매매 방법은 모의 투자 프로그램을 통해서 알아두면 좋을 것 같습니다. 대신 앞서 3단계를 통해 아이와 함께 종목만 고르고 실제 매수는 부모가 할 수 밖에 없습니다. 그리고 아이에게 'A라는 주식을 얼마의 가격에 몇 주 매수 했다' 고 알려주면 될 것 같습니다.

★ 5단계 : 투자 과정과 결과 되짚어보기 ★

5단계는 '되짚어보기' 의 과정입니다. 실전 주식 투자를 통한 투자교육의 하이라이트이기도 합니다. 앞서도 말했지만 내 아이 주식 투자 교육은 수익을 남기려고 하는 게 아닙니다. 수익을 냈으면 왜 냈는지, 손실이 났으면 왜 났는지에 대해 느끼고 분석하게 해주려는 것입니다.

예를 들어, 아이가 자신의 집 승용차인 쏘나타를 만들고 있는 현대자동차에 관심이 있어 현대차라는 주식을 1주에 7만 3000원에

매수했다고 해 볼게요. 그런데 불과 40여 일 만에 9만 원이 넘어섰고 이를 팔아서 1만 7000원에 수익을 남겼습니다. 바로 이때 부모가 할 일은 "돈 벌었다!"고 기뻐하는 게 아닙니다. 왜 현대차 주가가 올랐는지에 대해 분석해보는 것입니다. 그러면서 진짜 어려운 개념인 환율에 대해서도 말해볼 수 있고, 자동차 산업에 대해서도 아빠와 심도 있게 대화할 수 있죠. 이렇게만 진행된다면 주식을 통한 내 실전 투자교육은 100% 수익률을 올렸다고 할 수 있겠습니다.

주식이 무엇일까요? 주식의 가격(주가)은 왜 오르고 내릴까요? 주가는 어떻게 정해질까요? 사람들은 왜 주식을 할까요? 주식과 기업 경영은 어떤 관련이 있을까요?

아이들이 한번 주식에 대한 질문이 터지면 걷잡을 수 없다. 무엇보다 아이에게 어른처럼 주식 책을 사주고 공부하라고 시킬 수도 없는 노릇이다. 그래서 아이의 주식 이론 공부는 쉽고 간단할수록 좋다. 특히 한번에 모든 걸 가르치려 하기보다는 그때 그때 하나씩 이야기해주는 게 더 효과적이다.

주식에 대해서는 '회사의 가치를 쪼개서 나눈 것'이라는 표현이 적절하다. 그리고 주식을 투자(매수)한다는 것은 일정 부분 '그 회사의 주인이 되는 것'이라고 설명하는 식이다. 예를 들어 '현대백화점'의 주식에 투자했다면 자신이 투자한 만큼 현대백화점의 주인이 된 것이라고 말해주면 된다. 이와 함께 회사에선 자신에게 투자한 이 주인(주주)들에게 '배당금'이란 방식으로 일정 부분 이익금을 배분한다는 사실도 알려주면 더욱 좋을 것 같다.

아이들이 참 많이 하는 질문 중 하나는 바로 "주가는 왜 올라요? 그리고 왜 내려요?"이다. 분명 책 한 권으로도 다 설명할 수 없는 부분이지만 일단 "사람들이 그 회사 주식을 많이 사고 싶어하면 오르고, 갖기 싫어하면 내린단다."고 말해주는 게 좋다. 그리고는 "그런데 말이야. 그럼 사람들은 어떨 때 그 회사 주식을 갖고 싶어할까?"라면서 자연스럽게 다음으로 넘어가면 효과적이다.

우선 회사가 장사를 잘하면 주가는 오르고 못하면 하락한다는 설명으로 이야기를 시작하자. 가령 핸드폰이나 컴퓨터, TV가 전 세계적으로 많이 팔리면 삼성전자 주가는 오르고, 안 팔리면 주가는 당연히 내린다. 실제로 망해가는 회사 주식을 갖고 싶어하는 사람들은 없기 때문이다.

다음으론 미래에 장사가 아주 잘 될 것이라는 전망이 나올 때 주가는 오른다는 개념도 알려줘야 한다. 사람들은 현재가 아니라 '미래'에 대한 예측을 통해서도 투자를 하기 때문이다. 예를 들어 인터넷보안업체인 '안철수 연구소' 경우 강력한 바이러스가 퍼질 위험에 있으면 주가가 오르기 시작한다. 이 바이러스를 치료하려고 사람들이 '안철수 연구소'의 백신프로그램을 많이 쓰게 되고 이렇게 될 경우 '장사'가 잘 될 수 있다는 분석 때문이다.

이 밖에 환율이나 M&A(기업 인수 및 합병) 등 주가 등락에 대해선 정말 다양한 이유가 있다. 이런 사실에 대해서는 아이와 함께 주식 투자를 하면서 그때 그때 하나씩 말해주면 된다. 그래서 어떤 의미에선 '투자'를 교육하려면 부모들이 먼저 공부를 해야 할 것도 같다.

또 한 가지. 아이에게 저축뿐 아니라 주식 투자도 대한민국 기업에 많은 도움을 준다는 것을 알려주자. 은행에 저축하면 이 돈을 기업이 빌려서 경영에 힘쓰는 것과 마찬가지로 주식에 투자해 해당 기업의 주인이 될 경우, 기업은 투자 받은 돈을 다양하게 활용할 수 있기 때문이다. 그래서 주식을 설명할 때는 꼭 '주인의식'을 심어주는 게 효과적이다. 주인이기 때문에 주인답게 당연히 그 회사에 대해 잘 알아야 하고, 주인답게 자신감도 가져야 한다는 이야기다.

어린이 경제교실에서 만난 초등학교 6학년 딸을 둔 한 엄마는 내게 이런 말을 전했다.

"우리 딸 같은 반에 모 대기업 임원 아들이 있는데요. 우리 딸이 그랬대요. 내가 너네 아빠 월급 주고 있다고요. 실은 아이가 그 기업에 투자하고 있었거든요."

엄밀히 말해 틀린 말도 아니다. 주식회사의 주인은 바로 주주이기 때문이다. 무엇보다 어린 시절 이런 자신감을 갖게 되면 커서도 '어느 회사 사장 아들'이나 '뉘집 딸'이라는 타이틀 앞에 쓸데없이 주눅이 들거나 부러움을 느끼지 않게 될 것이다. 주식 투자의 또 다른 보너스이기도 하다. 주식회사의 주인은 사장이나 그 사장의 아들이 아니다. 바로 한푼 두 푼 모아 그 회사 주식을 사 모은 주주들이다.

투자를 모르는 부모들도
부담 없는 펀드

'펀드'는 이제 우리 생활에 아주 친숙한 재테크 상품이 됐습니다.
400년이 넘는 역사를 자랑하는 주식과 달리 펀드는 19세기 중반에
탄생해 1920년대에 와서야 비로소 빛을 발하기 시작했죠. 펀드는
간단하게 말해 '(돈을) 믿고 맡긴다'는 '신탁(信託)'의 개념입니다.
돈을 가장 잘 굴리는 사람에게 일정 대가(수수료)를 주고 내 돈을
굴려달라고 부탁하는 것이죠. 그런데 이것도 투자입니다. 왜냐하면
돈을 대신 굴려주는 사람이 돈을 맡기는 사람에게 얼마의 수익을
줄 수 있는가에 대해 정확한 약속을 하지 않기 때문입니다. 그래서
우린 '투자신탁'이라는 말을 사용합니다.

'펀드'는 아주 쉽게 '바스켓(바구니)'으로 이해하면 좋습니다.
'주식형 펀드'라고 하면 바구니에 다양한 주식을 담아 놓고 운용하
는 것이고, '채권형 펀드'라고 하면 수많은 채권을 모아 운용한다

고 보면 됩니다.

　서론이 길었습니다. 하고 싶은 이야기는 투자교육에 대한 실습 과정에서 펀드 투자를 강력 추천한다는 것입니다. 물론 주식만큼 투자를 알토란 같이 배우는 수단은 없습니다. 하지만 부모의 노력이 정말 많이 필요합니다. 또한 부모 스스로가 일정 수준 이상의 주식 투자에 대한 지식과 경험이 있어야 하구요. 반면 펀드 투자는 부모의 부담을 덜어주면서도 효과는 매우 좋습니다. 특히 펀드는 '적립식 투자'를 할 수 있어 기존 저축과 유사한 효과를 보입니다. 아예 편의상 '펀드 저축'이라고 부르기도 합니다. 6개월, 1년, 2년 등 목표를 정해놓고 일정액을 매월 꼬박꼬박 적립하는 것이 정기적금과 크게 다르지 않기 때문입니다.

특히 이 과정에서 수익률 변화를 체험하면서 투자교육도 병행할 수 있습니다(주식 투자의 주가 변동과 비슷한 과정입니다). 매달 1만 원씩 펀드에 투자한다고 했을 때 첫 달에 투자한 1만 원, 3개월째까지 적립한 3만 원, 그리고 6개월이 지난 시점에서 아이의 투자 원금인 6만 원에 대한 수익률은 시시각각 변합니다. 당연히 6만 원보다 많을 수도 있지만 6만 원도 안 되는 손실을 기록할 수도 있습니다. 그렇게 되면 아이는 자연스럽게 '왜?' 라는 물음을 갖게 되고, 이 궁금증을 해소하면서 실습교육은 탄력을 받게 됩니다. 어린이 펀드 투자 시기는 주식과 마찬가지로 은행 저축을 경험한 이후가 괜찮을 것 같습니다. 하지만 투자 상품임에도 불구하고 12살 이후에 시작해야 하는 주식과 달리 좀 더 빨리 시작해도 됩니다. 특히 은행 정기적금과 적립식 펀드를 함께 이용하면서 서로를 비교해본다면 교육 효과는 더 커질 수 있습니다.

어린이 펀드 투자 실습

먼저 펀드에 가입을 해야 합니다. 이 과정은 주식 증권계좌 개설과 비슷합니다. 그렇지만 펀드 투자금액은 펀드 판매사(은행 또는 증권사) 마다 차이가 있습니다. 5만 원 단위 투자가 일반적이지만 1만 원 단위 투자가 가능한 곳도 많습니다.

그런데 펀드 가입에 앞서 준비해야 할 일들이 있습니다. 무조건 은행이나 증권사에 찾아가 "아무 펀드나 주세요!"라고 할 수 없으니까요.

★ 1단계 : 펀드 고르기 ★

가장 먼저 할 일은 어떤 펀드에 얼마나 투자할 것인가를 결정하는 일입니다. 이때 펀드를 고르는 일이 꽤 힘듭니다. 성인들도 펀드 고르기는 무척 힘드니까 말이죠. 이런 번거로움 때문에 시중에는 '*** 어린이 펀드' 혹은 '아이사랑 *** 어린이 펀드' 등처럼 '어린이펀드'를 표방하고 나온 상품들이 있습니다. 게다가 대부분 이런 어린이 펀드들은 가입 시 어린이 경제캠프, 어린이 경제교육 등 다양한 혜택을 주기도 합니다. 이런 어린이 전용 펀드의 수익률이 반드시 좋다고는 할 수 없지만 펀드 투자를 통한 '교육'이 목적임을 감안하면 괜찮은 선택인 것도 같습니다.

물론 다른 펀드에 가입해도 됩니다. 어린이라고 반드시 어린이 펀드에만 가입하라는 법은 없거든요. 지난 2008년 중국 상하이 지사로 나가있는 아빠를 생각하며 모 운용회사의 '중국펀드'에 가입해 매월 2만 원씩 투자한다는 초등학교 6학년 여자아이를 만난 적이 있습니다. 이 아이는 자신의 펀드수익률을 보면서 중국에 있는 아빠의 생활을 떠올려본다고 했습니다. 참 기특한 경우인 것 같습니다.

엄마가 투자하고 있는 펀드와 같은 펀드를 골라도 됩니다. 이렇게 될 경우 엄마의 투자수익률과 아이 자신의 수익률을 비교해볼 수 있는데요. 그럼 저축상품과 달리 같은 펀드임에도 불구하고 각각의 수익률이 다르게 나오는 것을 알 수 있게 됩니다. 이걸 가지고 펀드 투자교육을 진행해 보는 것도 하나의 아이디어가 됩니다.

예를 들어 "엄마는 경제가 아주 좋았을 때 투자했는데 이후 힘들어지면서 수익률이 나빠졌어. 그런데 너는 경제가 나빴을 때 가입을 했지? 그런데 요즘 경제가 점점 좋아지고 있잖아. 그래서 네 펀드 수익률이 엄마 수익률보다 높은 거야." 등과 식으로만 설명해 줘도 아이는 많은 것을 알게 됩니다. 최소한 경제란, 주식시장이란 것이 좋고 나쁨을 반복하는 주기(사이클)을 갖고 있다는 것을 본능적으로 몸에 익히게 되는 것이죠.

어떤 면에서 펀드 투자의 핵심은 간단하다. 가장 좋은 펀드를 고르는 것이다. 그래서 투자자에겐 펀드 고르기가 매우 중요하다. 일단 가입하려는 펀드의 과거 수익률 추이가 중요한 선택 기준이 된다. 하지만 이것 말고도 기타 확인할 사안은 있다. 일반적으로 펀드 고르기에 있어 수익률, 위험도, 비용, 자산내역, 펀드매니저 등 5가지 항목은 반드시 확인해야 한다.

먼저 수익률에 대한 이야기다. 사람들은 종종 자신이 가입한 펀드가 과거 수익률에 비례해 미래에도 그에 상응하는 수익률을 내줄 것이라 기대한다. 하지만 과거 수익률은 결코 미래 수익률을 보장해 주지 않는다. 따라서 수익률과 관련해 과거 수익률 '변동폭'을 점검해야 한다. 결과적으로 수익률이 좋았다고 하더라도 급등락을 반복하는 등 다른 펀드에 비해 변동폭이 컸다면 일단 경계해야 한다. 그래서 최소한 1~2년간의 펀드 수익률을 살펴보고, 매월 성적이 상위 25% 내에 지속적으로 들어왔던 펀드에 관심을 가져야 한다.

수익률이 과거에 치중한 개념이라면 위험도는 미래를 대비하는 개념이다. 위험도가 낮아야 내 돈을 믿고 맡길 수 있기 때문이다. 펀드 투자에 있어 위험을 평가하는 방법에는 표준편차, 샤프지수 등 여러 가지 계량화된 지수가 있지만, 이는 매우 어려운 개념이기 때문에 일반인이 이해하기가 쉽지 않다는 단점이 있다.

그래서 자기가 가입한 펀드의 자산 보유내역(자산내역)을 확인하는 습관이 필요하다. 펀드 내 편입한 종목 중 위험한 종목이 없는지 살펴보는 과정이다. 그래서 자신의 펀드가 보유한 종목의 수와 해당종목들에 대해 인식하고 있어야 하고 최소한 펀드가 보유하고 있는 상위 10개 종목이 무엇인지는 알아둘 필요가 있다. 펀드 자산내역은 펀드 가입 시 판매사 직원에게 요청해 알아볼 수 있다. 또 가입 후 주기적으로 발송되는 운용보고서를 통해 확인할 수 있고, 직접 요청해 받아볼 수도 있다.

펀드매니저가 누구인지, 또 자주 바뀌는지 여부도 확인해야 한다. 펀드운용에 대한 책임은 전적으로 펀드매니저에게 있다. 분명 해당 펀드는 펀드매니저에 따라 운용 스타일과 철학에 따라 움직이게 된다. 자신의 펀드 수익률이 저조하다면 펀드매니저에게 전화를 걸어 따져도 괜찮다. 우리 엄연하게 운용 보수를 지불하고 있으니까.

이처럼 펀드 투자에는 일정액의 수수료를 지불해야 한다. 가입자들이 부담하는 비용은 크게 보수와 수수료(Commission) 두 가지로 나뉜다. 보수는 일정 기간(보통 분기단위 지급)마다 정기적으로 부과되는 반면 수수료는 1회성

비용이다. 보수는 자산운용회사에 지급하는 '운용보수'와 증권사 등 판매사에 지급하는 '판매보수', 은행 등 자산보관회사에 지급하는 '수탁보수', 펀드의 기준가 계산 등 일반 업무에 대한 '사무관리보수', 펀드 평가사에 지급하는 '평가보수' 등으로 구성돼 있다.

반면 수수료는 펀드 가입 시 내는 선취수수료, 만기 후 돈을 찾을 때 내는 후취수수료, 중도환매를 하게 될 때 내는 중도환매수수료 등으로 구분된다. 선·후취수수료는 판매 서비스에 대한 대가로 판매사가 가져가며, 중도환매 수수료는 펀드로 환입돼 남아있는 기존 가입자들에게 돌아간다. 일반적으로 중도환매수수료를 떼는 펀드에는 선·후취수수료가 없다.

보수에 대해서 짚고 넘어가야 할 부분은 크게 운용보수와 판매보수다. 이 두 가지는 펀드 별로 꽤 큰 차이를 나타내기 때문이다. 반드시 싼 보수가 좋은 펀드는 아니지만 평균 이상으로 보수를 많이 받는다면 주의해야 한다. 또한 중도환매수수료를 내는 주식형 펀드 경우, 보통 가입 후 90일 이내 환매하면 수익의 30%를 수수료로 토해내야 한다는 점을 유의하자.

★ 2단계 : 펀드 투자하기 ★

펀드 투자는 은행정기적금처럼 꼭 정해진 날짜에만 하는 것이 아닙니다. 돈이 생기면 오늘도 투자할 수 있고, 내일도 또 투자할 수 있습니다. 그렇지만 일단은 '매월 **일에 1만 원을 펀드에 투자한다'는 원칙을 세우고 이를 실행에 옮기도록 하세요. 그리고 다음으론 설날 등 명절 용돈을 비롯한 '보너스'가 생길 경우 이를 비정기적으로 바로 바로 펀드에 투자하도록 유도하는 것입니다. 80년대 초등학교에서 "100원이라도 생기면 바로 은행에 저축하라."고 강조했던 것과 유사한 개념입니다.

그런데 이런 정기적/비정기적 펀드 투자를 이어가다 보면 필연적으로, 반드시, 아이가 충격을 받는 시기가 옵니다. 바로 엄청난 '손실'을 경험하는 때입니다. 머리로는 '투자는 원금 손실을 경험할 수 있다'고 알고 있어도, 직접 당하게 되면 아이는 꽤 놀라게 됩니다. 하지만 이 시기는 교육적인 측면에서는 오히려 좋습니다. 부모가 조금만 신경 써주면 정말 많은 것을 아이에게 교육할 수 있습니다. '왜 수익률이 나빠졌는가'를 이야기하면서 경제라는 큰 그림에 대해 이런 저런 이야기를 할 수 있고, '그럼 펀드 수익률은 향후 다시 좋아질 수 있을까'라는 주제를 놓고 경기순환과정이나 투자의 고유 특징인 '주기(싸이클)'에 대해 말해볼 수 있습니다. 그리고 이렇게 손실을 본 상황에서 과연 투자를 지속할 것인가, 잠시 쉴 것인가, 아니면 기존에 넣어둔 돈을 다 찾는 '환매'를 통해 펀드 투자를 포기할 것인가를 놓고 아이와 대화해볼 수도 있습니다.

이런 상황은 정말 아이들만 가질 수 있는 특권입니다. 우리 인생에 언제 원금 손실을 보면서 맘 편하게 잘 수 있으며, 또 수익률 하락을 경험하면서도 객관적으로 상황을 분석해볼 수 있겠습니까. 그래서 오히려 어릴 때 거쳐야 할 과정일지로 모릅니다. 이런 과정 없이 성인이 돼버리면 이제 배움 없이 모든 것을 본인이 책임져야 하니까요.

★ 3단계 : 수익률 점검하기 ★

결코 '저축' 을 무시하는 것이 아니지만 저축은 대단한 공부가 필요하지 않습니다. '절약' 만 제대로 배우고, 몸에 습관화되면 저축은 자동적으로 얻어집니다. 그렇지만 투자는 다릅니다. 공부도 해야 하고, 연습도 해야 하고, 직접 경험을 해봐야 합니다.

그런데 부모는 아이를 아무것도 배우지도, 겪어보지도 못한 채 '투자의 바다' 로 내보내면 안 됩니다. 아이 때 경험한 5만 원의 손실은 성인이 돼서 500만 원, 5000만 원을 날리고도 깨닫지 못하는, 그런 중요한 가르침을 줍니다.

펀드명	운용사명	설정액 (단위 : 억원)	수익률(단위 : %)		
		2009년 10월 말 현재	1년	2년	3년
미래에셋우리아이3억만들기주식G 1	미래에셋자산	10,303	16.99	−8.41	37.13
미래에셋우리아이세계로적립식 K− 1	미래에셋자산	6,059	18.28	−4.28	39.45
Tops엄마사랑어린이적립식 1[주식]	신한BNPP	2,343	15.86	−3.53	61.35
NH−CA아이사랑적립 1[주식]Class C	NH−CA운용	2,192	12.29	−15.85	30.07
KB캥거루적립식 (주식)	KB운용	1,571	16.06	−9.60	32.06
우리쥬니어네이버적립식 1[주식]	우리자산운용	1,114	28.69	−7.25	33.11
하나UBS가족사랑짱적립식 K− 1(주식)Class C	하나UBS	638	21.32	−7.92	39.90
삼성착한아이예쁜아이 1[주식](A)	삼성운용	218	33.65	2.46	49.38

		217	22.27	−11.61	25.14
ING미래만들기 4(주식)	ING운용	217	22.27	−11.61	25.14
마이다스백년대계적립식 (주식)	마이다스운용	166	23.39	1.97	48.53
대신꿈나무적립 1[주식]Class C1	대신운용	149	11.46	−11.77	22.32
하나UBS황금돼지적립식 (주식)Class C	하나UBS	108	20.78	−8.69	37.47
KB사과나무 1(주식)	KB운용	48	28.47	4.34	45.33
신영주니어경제박사 (주식)	신영운용	47	22.39	−3.94	46.61

* 자료=제로인(설정액 크기 순 정렬, 기준일 : 2009. 9. 22)

한편, 주식 투자도 그렇고 펀드 투자도 수익률 확인 과정에 있어 지켜야 할 원칙이 있습니다. 바로 얼마나 자주 수익률을 확인하는 가 하는 문제입니다. 주식은 어쩔 수 없이 매일 매일 체크를 해야 합니다. 하루의 등락이 크기 때문이죠. 하지만 그래도 아이의 투자 이기 때문에 주식과 펀드 투자 모두 주 단위로 성과(수익률)를 점 검하는 것이 좋다는 생각입니다. 주말에 용돈을 주면서 용돈 기입 장 정리를 확인할 때 주식 투자와 펀드 투자의 수익률을 평가해보 면 좋습니다.

★ 주식 투자는 수입일까, 지출일까?

한 아이가 선생님에게 질문을 했다.

"선생님, 주식이나 펀드 투자는 수입이에요? 아니면 지출이에요?"

그러자 선생님이 이렇게 답했다.

"당연히 지출이지. 주식, 펀드는 물론이고 저축하는 것도 다 지출이야. 일 종의 소비라고 볼 수 있다."

　그런데 아이는 당황하는 기색이 역력하다. 왜냐하면 자신이 힘들게 한푼, 두푼 모아 절약해서 마련한 돈으로 실천에 옮긴 저축과 아이스크림을 사먹는 소비와 똑같다고 평가받는 게 이해가 가지 않기 때문이다. 그래서 집으로 돌아와 아빠에게 오늘 있었던 일을 말했더니 아빠는 "너희 선생님이 착각한 것 같다. 그게 무슨 소비냐, 어차피 알고 보면 너 돈인데."라고 한다. 결과적으로 아이는 다시 한 번 헷갈리기 시작한다. 이 뿐만이 아니다. 저축이나, 투자를 할 때 이것과 관련된 사안을 용돈 기입장에 적을 때 아이들은 많은 혼란을 겪게 된다. 자신이 저축과 투자에 사용한 돈을 지출에 넣을지, 아니면 수입에 넣을지 알 수가 없기 때문이다.

　결론적으로 말하면 선생님의 답변은 맞다. 이것은 전문적으로 말해 대차대조표와 손익계산서의 차이라고 볼 수 있는데 펀드(또는 저축)에 넣어둔 돈은 내 자산이 맞지만, 투자나 저축을 하는 그 순간에는 지출(소비)이 되는 것이기 때문이다. 그래서 대차대조표 상에서는 자산항목으로, 손익계산서에는 지출항목에 잡히게 되는 게 복식부기의 관례다. 그런데 문제는 아이에게 이런 '심오한(?)' 논리를 이해시켜 주기가 힘들다는 데 있다.

　그래서 이런 경우엔 용돈 기입장과 함께 별도로 '저축/투자 노트'를 준비하는 것이 좋다. 즉, 용돈 기입장에서는 주식, 펀드 투자, 저축 등에 나간 돈을 지출항목에 기입하지만 이 돈을 갖고 펼쳐지는 수익이나 손해, 또는 저축이자 등의 상황은 바로 '저축/투자 노트'에다 자세히 기록하는 방식이다. 어른들이 하는 '재테크 일기'를 연상하면 된다.

　'저축/투자 노트'를 활용할 경우엔 부모님들이 아이와 함께 매주 용돈 기입장을 점검하면서 함께 체크해줘야 한다. 앞서, 주식과 펀드 경우 주 단위로 수익률을 확인해보라고 했는데 이 '투자노트'에다 기록해 두면서 그 추이를 살펴보면 실전 투자연습 효과가 극대화될 수 있다.

보험을 통해 유비무환과
인플레이션의 개념을 가르친다

　초등학생 아이들과 이야기를 하다 보면 의외로 '보험'에 대해 많은 것을 알고 있다는 것을 느낍니다. 특히 '미래에 닥쳐올 위험에 대비하기 위해 반드시 보험에 가입해야 한다'는 개념이 명확하게 박혀있다는 사실에 놀랄 때가 많습니다.

　아마도 TV광고가 큰 역할을 한 것 같습니다. 보험회사들은 마케팅을 중시하기 때문에 광고를 꽤 많이 하거든요. 그래서 아이들 눈에 이런 보험 상품이 꽤 익숙해진 것이죠. 또한 부모님들도 한 몫 한 게 사실입니다. 우리나라는 그간 보험을 재테크 수단의 일부분으로 생각했기 때문입니다. 그래서 보장성 보험 대신, 만기 후에 원금과 이자를 돌려받는 저축성 보험 비중이 상당히 높습니다. 아이의 학비를 위해 웬만한 가정에선 교육보험을 들었고, 저축이나 투자는 하지 않아도 생명보험 1~2개는 가입하는 것을 당연하게 여겼습니다. 그래서인지 아이들이 세부적인 보험가입 과정이나 보험 상품에 대해서는 잘 몰라도 보험에 대한 기본 개념정립은 아주 잘 돼 있습니다.

나쁘지 않습니다. 보험이 우리 인생에 꼭 필요한 상품인 것도 부인할 수 없죠. 특히 '유비무환(有備無患)'이라는 개념을 익히고, 미래를 준비한다는 차원에서 보험을 이해하는 태도는 아이가 향후 한 명의 독립된 경제인으로 살아가는 데 긍정적인 영향을 미치게 됩니다.

그런데 보험과 관련해서 아이가 알고 넘어가야 할 항목이 있습니다. 정확히 말해 함께 가르치면 효과가 더 커진다고 할 수 있는데요, '엄마가 다치면 얼마 받고, 아빠가 죽으면 얼마 받는다'는 상품 설명이 아닙니다. 바로 '인플레이션' 개념입니다.

'유비무환'과 '인플레이션', 과연 어떤 관련이 있을까요? 보험과 관련해선 이것만 명확하게 이해시켜주면 충분할 것 같습니다. 하지만 인플레이션이 조금 어려운 개념이기 때문에 조급히 생각하지 말고 접근하도록 하세요.

인플레이션에 대해 설명해주기

아이와 함께, 아이의 손을 잡고 직접 보험 상품에 가입할 필요는 없습니다. 다만 가장 먼저 '보험 상품은 저축이 아닌 보장이다' 라는 점은 확실하게 이해시켜줘야 합니다. 심지어 많은 성인들도 혼동하는 개념인데요, 바로 자신이 매달 붓는 '보험료'를 무척이나 아까워한다는 것이죠.

매달 8만 원씩 25년간 내는 '암 보험'을 예로 들어 보겠습니다. 이 상품은 25년 후에 그간 자신이 냈던 보험료와 일정 이자를 붙여서 돌려준다고 합니다. 이것을 '저축성 보험' 이라고 합니다. 반면, 보장혜택은 똑같은데, 이번에는 만기 후 보험료를 돌려주지 않습니다. 일명 '보장성 보험' 이죠. 대신 매달 내는 보험료가 5만 원으로 저축성 보험에 비해 적습니다. 자, 그럼 과연 어떤 상품을 선택해야 할까요?

'정답'은 없습니다. 개인의 취향에 따라 고르면 됩니다. 하지만 합리적 선택이라는 관점에서 보면 '보장성 보험'을 골라야 합니다. 왜냐하면 바로 물가가 계속해서 오르는(화폐가치가 지속적으로 떨어지는) 인플레이션 때문입니다. 즉, 현재 5000만 원의 가치와 25년 이후 5000만 원의 가치는 완전히 다릅니다. 아마도 25년 이후 5000만 원은 현재 5000만 원의 절반도 안 되는 가치일 것입니다. 지금 5000만 원과 25년 전 5000만 원의 가치를 비교해 보면 더욱 명확해지죠. 그래서 보험을 가입할 때는 수십 년 이후에 되돌려 받는 만기보험금에 중요성을 두면 안 됩니다. 오히려 매월 내는 보험료를 최대한 낮추는 선택을 해야 합니다. 혹시 암에 걸렸을 때 받는 진단 보험금 5000만 원도 마찬가지로 인플레이션 위험이 있지 않느냐고 의문을 가질 수 있습니다. 하지만 이건 다른 차원의 문제입니다. 만기보험금은 반드시 만기에만 받게 되지만 암 진단 보험금은 바로 내일 받을 수도 있습니다. 내일 병원에 갔을 때 암에 걸렸다면 말이죠. 그래서 이때는 인플레이션 문제를 적용할 수가 없는 것입니다.

일례로 과거 국내에선 한때 교육보험 붐이 일었지만 정작 자녀 대학입학 시기엔 많은 부모들에게 실망을 줬습니다. 당초 예상한 학자금 기준 액이 인플레이션을 고려하지 않은 채 설정됐기 때문입니다. 참 안타까운 사례였습니다. 그래서 아이에게도 보험과 관련해서 이렇게 강조해주면 좋습니다.

"보험은 보장이야. 보험을 저축이나 투자로 착각해선 안 돼. 보험은 갑자기 닥쳐오는 위험을 대비하기 위한 것이야. 그런데 보험을 저축이나 투자로 오해하면 또 다른 위험이 닥친단다. 그것이 바로 인플레이션이야."

'인플레이션'은 아이에게 꽤 어려운 개념이다. 일부 어린이 경제교육 과정에선 '돈을 많이 찍어내면 인플레이션을 유발시킨다'는 식으로 직접적으로 인플레이션을 설명하지만 현장에서 보면 아이들이 쉽게 이해하지 못하는 것을 알 수 있다. 그래서 좀 더 쉬운 설명이 필요하다.

"지금 5000원으로 살 수 있는 장난감은 아마도 태성이가 중학생이 되면 못 살지도 몰라."

"왜요?"

"물건 값이 오르게 돼 있거든."

"왜요?"

"장난감을 만들려면 재료가 필요하잖아, 그런데 이걸 자꾸 자꾸 사용하니까 부족해져서 귀해진 거야. 그래서 가격이 막 오르는 거고. 이뿐만이 아니야. 가격이 오르니까 사람들은 돈이 더 필요해져서 돈을 더 많이 만들어낼 거야. 그러면 어떻게 될까. 돈은 아주 흔해지게 되잖아. 그래서 장난감 값은 또 더 올라버리지."

그래도 인플레이션은 아이가 쉽게 이해하지 못한다. 인플레이션 발생 원리를 알려면 최소한 '수요와 공급의 법칙'을 정확하게 숙지하고 있어야 하는데 이 과정은 중학교 3학년이 돼서야 본격적으로 배우기 때문이다. 그래서 이전까지는 그때그때 다양한 상황으로 설명해주면 된다. 앞서 소개한 대화에서 혹시 아이가 "그래요? 그럼 가격이 오를지 모르니까 지금 바로 장난감을 사야겠네!"라고 답할 수도 있다. 이때 당황하거나 아이를 혼내선 안 된다. 왜냐하면 이런 대답을 했다는 자체가 인플레이션에 대해 꽤 잘 이해했다는 뜻이기 때문이다. 오히려 칭찬해줄 답변이다. 이럴 경우엔 다음과 같이 한번 유도하면 좋을 것이다.

"그것도 좋아. 하지만 생각해봐. 지금 태성이가 갖고 있는 이 5000원으로 중학생 때 필요한 명작소설 10권을 살 수 있는 돈을 만들어보는 게 어때? 그땐 한 5만 원 정도 할 거 같은데."

"그런 방법이 있어요?"

"그럼. 네가 지금도 하고 있잖아. 어린이 펀드, 더 열심히 투자해봐, 그러면……그리고……그렇게 하다가 안 되더라도 또 이렇게 하면 되고……."

너무나 잘 알다시피 우리가 부동산에 투자하고, 주식에 투자하고, 금에 투자하고, 이렇게 저렇게 '투자' 하는 이유는 바로 '인플레이션' 때문이다. 시간이 흐를수록 화폐 가치는 필연적으로 떨어지기 때문에 이것을 압도하는 수익을 올리려고 노력하는 것이다. 저축성 보험 대신, 보장성 보험에 가입하는 이유도 인플레이션 때문이라고 할 수 있다.

그런데 그렇다고 무조건 투자가 최고라는 이야기는 아니다. 투자하려면 돈이 있어야 하는데 이는 절약을 통해 더 많이 확보될 수 있다. 또한 금리(이자율)가 높은 시기엔 투자보다 당연히 저축을 더 열심히 해야 한다. 이처럼 재테크라는 건 절약과 저축, 투자, 보험 등의 기본 요소들이 교묘하게 맞물려 돌아가는 것이다. 이런 통찰을 내 아이가 한 15살쯤에 무릎을 '탁' 치면서 하게 되면 얼마나 좋을까.

소비와 마시멜로의 법칙

이젠 꽤 많이 알려진 이야기인데요. 바로 미국 스탠퍼드 대학의 월터 미셸 박사가 5~6세 아이들을 대상으로 했던 그 유명한 '마시멜로 실험' 입니다.

내용은 대략 이렇습니다. 실험에 참가한 네 살배기 아이들에게 맛나게 생긴 마시멜로 과자를 하나씩 나눠주면서 15분 동안 이 과자를 먹지 않고 참으면, 상으로 한 개를 더 주겠다는 제안을 하는 겁니다. 그리고 방문을 닫고 나와서 15분이 지나서 다시 아이들에게 갑니다. 물론 이 과자를 먹지 않은 친구도 있고, 또 참지 못하고 다 먹어 치워버린 아이도 있죠. 이 실험에선 약 3분의 1 정도는 마시멜로를 먹어 치웠고, 3분의 2는 끝까지 손에 쥐면서 기다렸다고 합니다. 그런데 이 실험의 하일라이트는 바로 14년 후에 나타난 결과에 있습니다. 전에 실험을 진행했던 박사는 당시 실험에 참가했던 아이들을 역추적 해봤는데요. 공교롭게도 당시 마시멜로의 유혹을 참아낸 아이들은 대부분 모범생에다 시험성적도 높고, 사회성이 뛰어난 청소년들로 성장해 있었던 반면 눈앞에 과자를 바로 먹었던 아이들은 심각한 성격장애를 보이거나 심지어 사회문제를 일으키고 있었다는 겁니다.

'마시멜로 실험'의 결론은 바로 '인내의 힘'이었습니다. 무엇보다 어릴 때 인내를 배우면 성장해서 다양한 분야에서 우리가 상상하지도 못했던 많은 긍정적인 결과를 가져온다는 것이죠.

인내를 가르치는 법

막상 아이에게 '인내'를 어떻게, 어떤 방법으로 가르칠까라는 문

제를 떠올려 보면 갑자기 막막해집니다. 분명 인내는 좋은 것인데, 이를 훈련시킬 방법이 마땅치 않다는 것이죠.

웃을지 몰라도 아이에게 인내력을 길러준다면서 초등학교 3학년 아이를 사우나에 넣고 5분 이상 버티게 하는 아빠를 본 적이 있습니다. 이뿐만이 아닙니다. 우리 주위를 둘러보면 찜통 같은 무더위에 "더워!"를 외치는 아이에게 "넌 왜 그렇게 인내심이 없니? 좀 참아라!"고 다그치는 엄마를 심심찮게 볼 수 있죠. 물론 땀을 주룩주룩 흘리면서도 이를 악물고 참아내는 훈련을 하면 어느 정도 인내력을 기르는 효과를 볼 수 있겠습니다. 하지만 이 방식은 앞서 말했던 '마시멜로 실험'의 핵심을 잘못 짚은 것입니다.

욕구를 바로 충족시키지 않고 참아낸다는 점에선 '사우나 훈련법(?)'도 어느 정도 효과가 있겠지만 지금 말하는 것은 아이의 육체의 욕구가 아니라 정신적 욕구입니다. 쉽게 말해 어떤 것을 하고 싶다, 어떤 것을 사고 싶다, 게임을 하고 싶다, TV를 보고 싶다 등의 욕구라는 것이죠. 이제 12살~13살짜리 아이가 "엄마, 나 졸려요, 자고 싶어요."라고 하면 당연히 자게 해줘야 합니다. "내일 시험인데 벌써 잔다고? 안 돼! 참아!"라고 혼내려면 적어도 16살은 돼야 합니다. 그러나 7살 난 아들이 거의 TV 만화 시청에 빠져있다면 이때는 다양한 방법을 구사해 고쳐줘야 합니다. 단박에 TV를 없애라는 이야기가 아닙니다. 5시간, 3시간, 1시간 등으로 TV 만화를 보는 것을 절제하는 연습을 해줘야 합니다.

이야기가 조금 장황했습니다만, 실은 지금 말하려는 것은 바로 '소비'입니다. 초등학교 아이에게 소비교육을 시키는 것은 단순히 '물건을 안 산다'는 차원이 아닙니다. '마시멜로 실험' 같은 인내력에 대한 문제이기도 하고, 아이에게 계획성을 길러주는 효과도 있습니다.

게다가 10살 미만의 아이에게 소비는 부모와의 관계 및 스트레스와도 깊은 상관을 나타냅니다. 가령 이제 7살 난 아이가 매번 "이것도 살래, 저것도 살래, 이것도 사줘, 저것도 사줘, 여기 있는 것 몽땅 다 사줘."라면서 떼를 쓴다면 이건 인내력에 대한 문제라기보다 스트레스와 관련이 깊습니다. 한번 생각해보세요. 어린 나이에 얼마나 많은 욕구가 있어 그렇게 떼를 쓰겠습니까?

혹시 아이의 인내력을 길러줄 마땅한 방법을 찾지 못했다면 소비와 관련된 경제교육을 한번 활용해 보세요. 나중의 더 큰 만족을 위해 현재의 작은 만족을 포기하는 연습을 실생활에서 자주 경험해 습관화 시키면 그게 바로 인내력이 됩니다. 그리고 이렇게 '인내'를 알아야, 참을 줄 알아야, 만족할 줄 알아야 행복해질 수 있습니다. 우리가 아이에게 바라는 것도 결국 '행복한 삶' 아니겠습니까

소비 훈련을 통해 '인내' 배우기 실전편

아무리 순하고, 말 잘 듣고, 천사처럼 착한 아이라도 장난감을 보면 사달라고 조르게 돼 있습니다. 굳이 장난감이 아니더라고 과자나 젤리를 사달라고 합니다. 물론 "시끄러워! 너 혼날래!", "그만해!"라고 혼을 내거나 "내일 사줄게", "아빠 오시면 백화점 가서 사자", "저녁 때 또 오자"는 식으로 순간을 모면할 수는 있습니다.

하지만 이런 방법도 한두 번입니다. 이렇게 몇 번 피하다 보면 역효과를 나타내게 돼 있습니다. 아이가 주눅이 들어버리거나 "엄마는 거짓말쟁이! 나보고 거짓말 하지 말라면서 왜 매일 거짓말해요?"라면서 부모에게 정면으로 맞서게 됩니다.

그래서 피해갈 수 없는 숙명이라면 적극적으로 현 상황을 직시해야 합니다. 특히 이런 자녀의 '구매' 욕구는 성인이 돼서 '소비습관'의 핵심요소가 되기 때문에 자녀가 어릴 때부터 부모가 깊숙하게 관여해야 할 필요가 있습니다.

★ **4살 이하 아이 소비 훈련** ★

먼저 2~3살의 자녀라면 소비교육에 있어 구체적인 교육방법을 적용할 필요는 없습니다. 만약 3살 난 아이가 유난히 기차나 공 등과 같은 특정 장난감에 집착하거나 마트에서 물건을 움켜쥐고 절대 놓지 않으려고 한다면 애정결핍과 관계가 깊습니다. 이 시기엔 아직 특정 물품에 대한 좋고 나쁨의 선호가 만들어지는 단계가 아니기 때문입니다. 따라서 이럴 땐 엄마, 아빠와 오랜 시간을 함께 보내는 것만큼 좋은 해법은 없습니다. 이 시기엔 엄마, 아빠 사랑을 충분하게 '소비'할 수 있도록 해줘야 합니다.

★ 4살 이상 아이 소비 훈련 ★

4살이 넘어서면 이제 부모가 나서야 합니다. 본격적으로 구매 욕구가 생겨나고 물품에 대한 선호도 굳어지기 시작하기 때문입니다. 하지만 이때도 '경제적'으로 접근할 시기는 아닙니다. 아직 물건을 사면서 내야 하는(지불하는) '돈'에 대해 개념정립이 돼 있지 않기 때문입니다. 돈이나 보상 등과 같은 개념으로 접근하기엔 이른 시점입니다. 예를 들어 "이거 너무 비싸다" 또는 "이게 얼마짜린데, 안 돼, 나중에 사!" 등과 같은 식의 교육은 전혀 먹혀 들지 않습니다. 돈이 뭔지를 모르는데 거기다 대고 가격을 말하는 것은 정말 의미가 없습니다.

대신 이 시기엔 '되는 것'과 '안 되는 것'에 대한 구분으로 소비 교육을 시켜주면 좋습니다. 예를 들어 마트에 갔을 때 이것저것 과자들을 모두 사달라고 조르는 아이에게 "과자는 딱 1봉지만 사는 거야."라고 명확하게 선을 그어주는 겁니다. 5살만 되도 특정 장난감을 좋아하게 되는데요, 이때부터는 "1주일에 딱 1개만 살 수 있어. 이렇게 약속하자.”처럼 아이에게 어떤 규칙(규율)을 정해놓고 소비교육을 시켜줘야 합니다. 물론 처음엔 힘듭니다. 그렇지만 꾸준히 하다 보면 아이 스스로가 자연스럽게 적응하게 됩니다. 그리고 발전하는 모습도 보입니다. 1주일에 딱 1개의 장난감만 살 수 있기 때문에 아이는 소비를 지연시키는 경험을 하게 됩니다. 가령 지금 당장 월요일에 사버리면 다음주 월요일까지 기다려야 하기 때문에 좀 더 기다렸다 사는 과정을 거치게 됩니다.

‘무조건 참는 인내’는 실패할 수밖에 없습니다. 아이에게 ‘원하는 것을 기다리는 인내’ 내지는 ‘맞춰서 살아갈 줄 아는 인내’를 가르쳐야 합니다.

★ 6살~10살 아이 소비 훈련 ★

6살 이후부터 10살 이전까지는 문제가 꽤나 복잡해집니다. 다양한 교육방식도 필요해지고 차츰 정교한 금융교육에 대한 준비도 해야 합니다. 일단 ‘되는 것과 안 되는 것’을 정해놓고 지켜나가는 방식을 이어가면 좋습니다. 그리고 이어 아이의 소비패턴에 대해 자세한 관찰을 하는 과정이 필요합니다.

7살 난 아들 정혁이의 부모는 한동안 아이 걱정 때문에 밤잠을 설칠 정도였습니다. 회사생활도 물론 지장이 많았고요. 바로 정혁이가 장난감을 사달라고 한 번 조르기 시작하면 1시간 넘게 소리를 지르고 마지막엔 물건까지 던지며 포악해지기 때문입니다. 그렇다고 사달라는 장난감을 무조건 다 사줄 수도 없고요. 그래서 오랜만에 외출했다가도 정혁이가 앙탈을 부리기 시작하면 모든 걸 접고 집으로 돌아와야만 했다고 합니다.

정혁이 부모는 처음에 '경제교육'에서 원인을 찾았습니다. 그래서 물건 구매와 관련해 '규칙 정하기' 놀이도 해보고 "정혁아, 이것봐. 비슷한 케로로 장난감이 20개나 되잖아."라며 달래기도 시도해봤지만 그 때뿐이었습니다. 밖에 나가면 다시 정혁이의 앙탈은 극에 달했죠.

그래서 결국 병원을 찾았는데요. 문제는 장난감이나, 경제교육이 아닌 바로 '스트레스'에 있었다고 합니다. 알고 보니 이런 정혁이의 버릇은 영어유치원에 다니면서부터 생기기 시작했는데요. 그곳에서 스트레스를 받은 정혁이가 반대로 부모에게 자신의 짜증을 발산한다는 것입니다. "나도 힘들게 유치원 다니고 있으니까 엄마, 아빠도 한번 당해봐라."는 식이죠. 결국 정혁이의 잘못된 소비습관은 '경제교육'이 아닌 '멘탈' 관점에서 풀어갈 수밖에 없었습니다. 이처럼 초등학교 이전까지는 아이의 소비패턴을 정확히 파악하고 잘못된 점을 잡아서 시정하되, 그 원인에 대해서 한번 생각해볼 필요가 있습니다.

　초등학교에 입학하면서부터는 본격적인 경제교육이 필요합니다. 부모의 따뜻한 애정과 진정성으로 모든 게 해결되려니 생각해선 안 됩니다. 특히 이 시기가 되면 아이들이 사고 싶어 하는 물건의 금액도 상당히 커지고 조르기의 강도와 난이도도 교묘해집니다. 따라서 부모들도 독한 맘 먹고 4~5년간 정도 기간을 두고 아이의 소비습관을 만들어주겠다는 자세로 접근해야 합니다.

　이 시기는 정교한 금융교육이 본격적으로 요구되는 시점으로 '돈'에 대해 교육해야 하고, 용돈을 갖고 예산에 따른 소비도 직접 해봐야 합니다. 자꾸 '용돈' 이야기를 할 수 밖에 없는데, 용돈이 있어야만 소비 교육도 가능합니다. 자신의 용돈에 맞춰서 살아가는 법을 배워야 '인내력'도 생기기 때문입니다.

　가장 좋은 것은 앞서 말한 것처럼 아이가 자신의 용돈을 갖고 '계획-실행-평가(반성)'에 따라 물건을 구매(소비)하는 연습입니다. 사기 전에 뭘 살까, 갖고 있는 예산(돈)에 맞춰 무엇을 얼마나 살 수 있을까를 고민해보고 산 후에는 과연 잘 샀는지, 사서 맘이 기쁜지 등을 평가해보는 과정을 반복해야 합니다.

안 쓰는 것과 잘 쓰는 것을 구별하라

종종 소비에 대한 교육을 하면서 절약습관과 혼동하는 경우가 많습니다. 즉, 아끼고 안 쓰는 것이 바로 좋은 소비라고 생각하는 것이죠. 그렇지 않습니다. 절약은 소비를 덜 하는 것이 맞지만 '좋은 소비'에 대한 교육은 '잘 쓰는 법', '현명하게 쓰는 법', '효율적인 소비'를 가르치는 것입니다. 따라서 이 차이를 부모 스스로가 인식하고 있어야 합니다.

조금 헷갈리죠? 언제는 절약교육을 하라고 하더니, 이젠 또 소비교육을 하라는 게 말장난처럼 들리기도 할 것 같습니다. 그렇지만 여기엔 분명 확연한 차이점이 존재합니다. 가령 '외식'을 예로 들어볼게요. 절약의 관점에서 보면 외식을 최소화하는 것입니다. 사람에 따라 아예 외식을 안 하는 절약 행동이 나타날 수도 있고요. 반면 효율적 소비의 관점은 그간 최소화시켰던 외식을 한 번 하러 나갈 때 과연 어떻게 활용할까에 대해 적용하는 것입니다. 이때는 분명 예산에 맞춰, 충분히 맛있는 음식을 골라서 먹어야 합니다. 이것이 바로 현명한 소비라고 말할 수 있습니다. 그래서 아이에게도 안 쓰고, 아껴 쓰는 절약 습관을 길러줌과 동시에, 소비를 할 때는 어떻게 행동해야 하는지에 대해서도 알려줘야 합니다.

예를 들어 중학생이 된 딸이 20만 원이 넘는 청바지를 사달라고 했을 때 "뭐라고? 너 청바지 많잖아, 그거 아껴서 입어!"라거나 "절약 좀 해라. 지금 점심 도시락도 못 먹는 친구들이 얼마나 많은데 부끄럽지도 않니?"라고 몰아 부칠 수 있습니다.

반면 "그래? 그럼 아빠랑 한번 '청바지 구입 프로젝트'를 짜볼까?"라는 방식으로 접근할 수도 있고요. 지금 말하려는 아이에 대한 소비교육은 당연히 후자입니다.

'청바지 구입 프로젝트'를 실천에 옮겼지만 결국엔 20만 원이 넘는 프리미엄 청바지 대신 할인매장에서 작년 모델 청바지를 5만 원에 구입할 수 있습니다. 하지만 그 순간 아이는 많은 것을 깨닫게 됩니다. 어쨌든 자기 힘으로 청바지를 샀다는 성취감일 수도 있고, 왜 난 그렇게 노력했는데도 비싼 청바지를 입을 수는 없을까에 대한 열등감일 수도 있습니다. 뭐든 간에 아이에겐, 아이의 소비습관에는 큰 도움이 될 것입니다. 중요한 건 '프로젝트' 짜기, 그리고 실천해보기입니다.

분명 어떤 측면에서 '소비교육'은 아이를 경제 독립인으로 만드는 마지막 실전 연습이기도 합니다. 성인들도 소비 컨트롤을 잘 못하는데 이제 겨우 12살~14살인 아이에게 완벽한 소비를 바라는 것도 무리고요. 하지만 최소한 '소비는 나의 중요한 권리'라는 개념만큼은 확실하게 잡아줄 필요가 있습니다.

상당수 어른들의 경우, 백화점 매장에 가서 옷을 3번 이상 갈아입어 봤다면 완벽하게 마음에 들지 않더라도 미안한 마음에 그냥 그곳에서 구입하는 경향이 많습니다. 때론 내가 내 돈을 쓰는데 마치 죄를 진 것처럼 느끼기도 하고요. 그럴 필요 없습니다. 내가 가장 맘에 드는 옷이 있을 때까지 입어보는 것은 당연한 일이고, 또 가장 사고 싶은 옷을 사는 게 최선의 소비입니다.

오랜 만에 큰 맘 먹고 호텔 식당에 외식하러 갈 때 종종 주눅이 드는 경험을 합니다. 비싼 음식 값과 으리으리하고 화려한 외관에 압도당하기 때문입니다. 그래서 10만 원 넘는 돈을 지불하고, 또 추가 10%의 봉사료까지 내면서도 충분한 서비스를 즐기지 못하죠. 이럴 필요 없습니다. 잘 모르는 건 종업원에게 끝까지 물어보면 되고, 혹시 불친절하다고 느꼈다면 아주 큰 목소리로 항의해도 됩니다. 3500원짜리 백반 집에서는 안 되지만 봉사료를 받는 호텔에서 우리는 당연히 최고의 서비스를 받을 권리가 있습니다. 그런데 이런 권리를 누릴 줄 아는 자신감은 아이 때부터 익혀나가는 것입니다. 예산에 맞춰 계획을 짜고, 몇 번이나 심사숙고하고, 그리고 또 많이 고르고 골라 소비를 했다면, 그 순간만큼은 완벽하게 즐길 수 있는 권리를 누려야 한다는 것이죠.

아들이 정말 스스로 어렵게, 힘들게, 노력해서 레고 피규어를 장만했다면 '멋지다'고 격려해주세요. 괜히 "진짜 저 코딱지 같은 게 뭐라고 그 비싼 돈을 줬어?"라며 김 빼지 말고요. 아이가 피규어 구입(소비)을 통해 느끼는 기쁨은 또 한편으로 아이의 권리이기도 하니까요.

"우리 아이는 돈을 안 써요. 용돈을 주고 뭘 좀 해보려고 해도 그냥 갖고만 있어요. 사먹고 싶은 게 있어도 돈이 아까워서 참는데요. 처음엔 절약하는 습관이 잘 배어있다고 생각했는데 요즘 보면 꼭 그런 것 같지도 않고……."

"아이가 어른처럼 돈 걱정을 해요. 마트를 함께 가면 계속 잔소리를 해요. 씀씀이가 헤프다, 이건 먹지도 않는데 왜 사냐, 낭비가 너무 심하다……."

"이제 초등학교 5학년 아이인데요. 물을 아껴 써라, 전기세가 왜 이렇게 많이 나오냐는 걱정에서부터 학원비 걱정, 심지어 대학등록금 걱정까지 해요. 애 아빠가 돈 걱정은 하지 않아도 된다고 해도 고쳐지지가 않습니다."

어떤 부모들에겐 이런 하소연들이 '사치'로 느껴질지 모르겠다. 하지만 의외로 이처럼 '돈 걱정'을 하는 아이가 주위에 많다. 이런 경우엔 총체적인 점검이 필요하다. 먼저 부모의 절약 교육이 잘못되지 않았느냐는 반성이다. 절약은 돈을 무조건 안 쓰는 게 아니라 현명한 소비를 기본으로 해서 이뤄져야 하는데 다짜고짜 "아껴!"라고 주입하지 않았는가에 대한 문제다. 절약은 안 쓰는 게 아니라 효과적으로 쓰는 것이다.

두 번째는 아이의 심리상태를 파악해보는 일이다. 아이의 '돈 걱정'이나 '절약병'이 부모의 돈 걱정에서 비롯되는 경우가 많기 때문이다. 부모가 돈 때문에 싸우는 것을 보고 아이는 절약에 대한 강박관념이 생겼을 수도 있다. 그래서 아이에게 "아빠는 능력 있는 사람이야, 우리 집은 앞으로 더 잘 살게 될 거야."라면서 마음 속 불안감을 풀어주는 게 좋다.

마지막으론 아이 자체가 융통성이 부족한 경우다. 고지식하다고 표현할 수고 도전정신이 떨어진다고 할 수도 있는데 돈을 아끼고 싶어 아끼는 게 아니라 소비를 하나의 부담으로 느끼는 경우다. 그래서 이런 경우엔 혼자서 외식도 시켜보고, 물건도 사오게 하면서 소비 연습을 시켜줘야 한다. 사고 봤더니 노트 표지가 맘에 들지 않는다면 다시 가서 교환해보는 연습도 시켜야 한다.

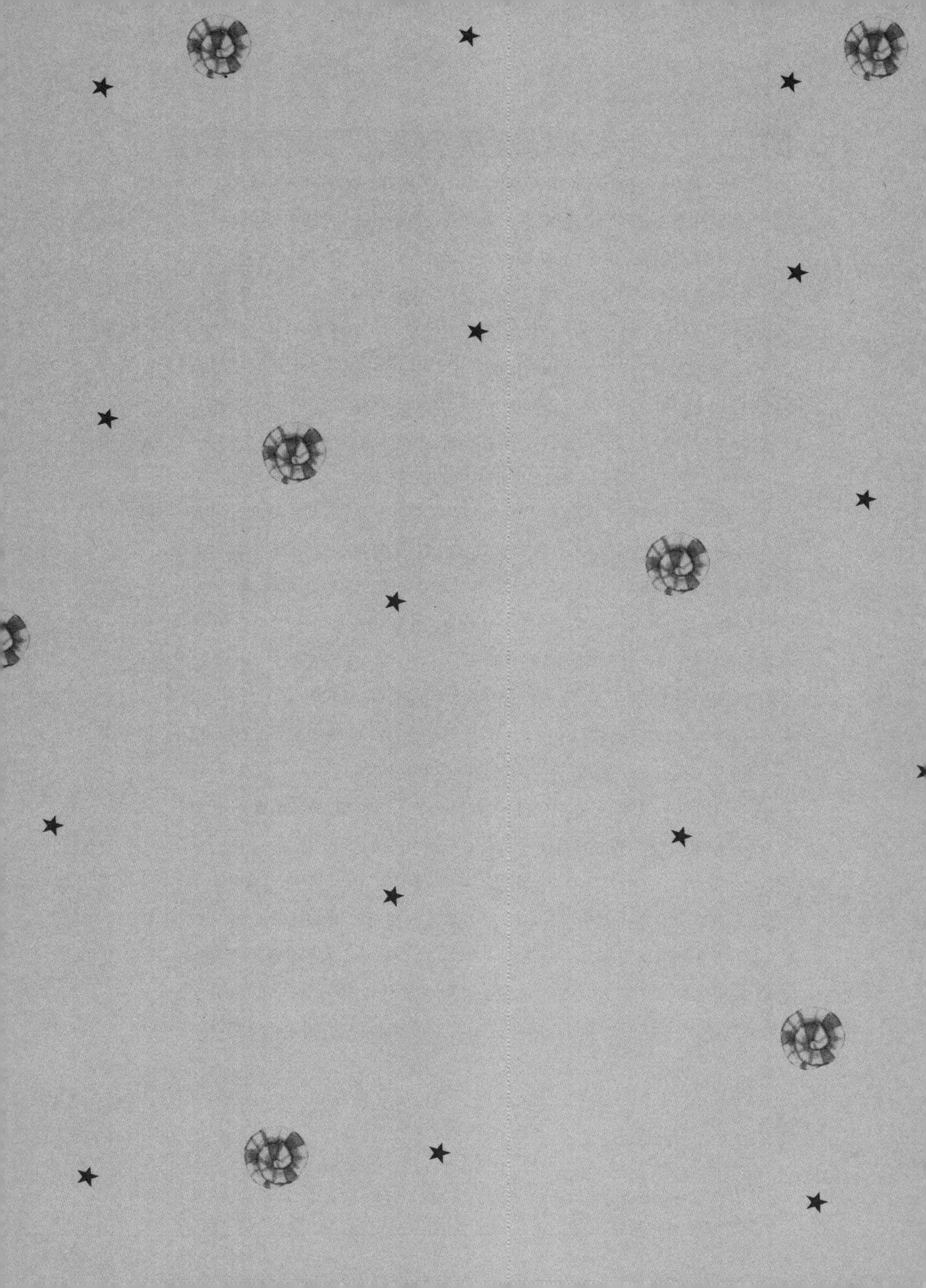

제5부

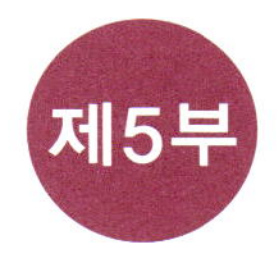

"불쌍해서? 아냐, 이건 너의 의무야"

나누는 삶에 대한 의식을 심어주어라

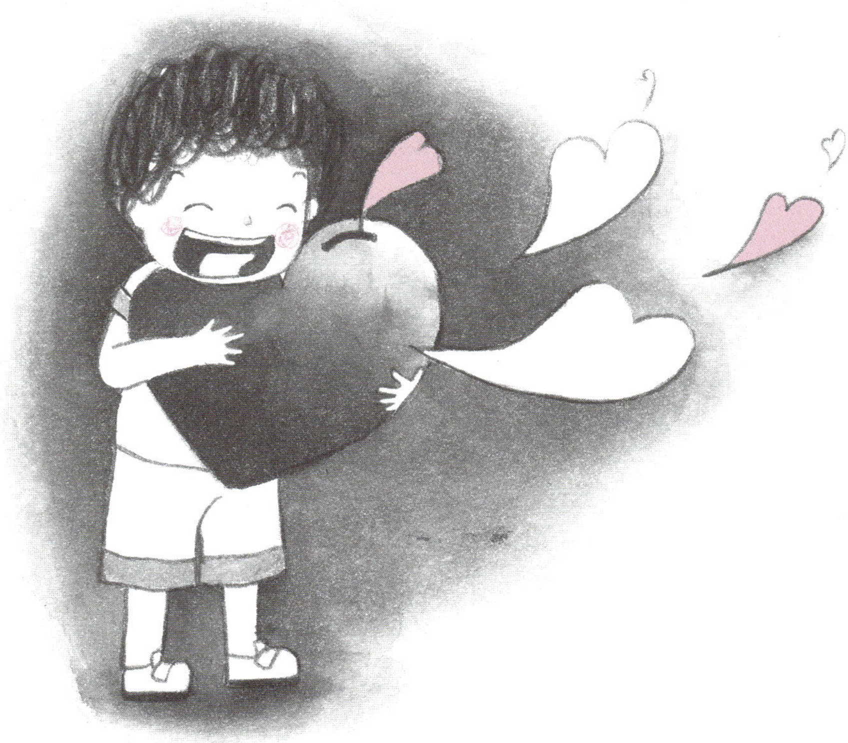

어른들은 대부분 '돈, 돈' 거립니다. 돈에 대한 욕망을 초월한 경우가 극소수 있기는 하지만, 거의 예외가 없습니다. 돈을 벌려고 악다구니를 쓰고, 자기 것을 챙기려고 의도적이든 아니든 남을 짓밟게 됩니다.

그런데 아이들은 다릅니다. 종종 부모들은 아이들을 어른의 시각으로 이해하는 경향이 많은데 큰 오류입니다. 대표적인 것이 바로 '돈' 입니다. 어린이 경제/금융 교육 시간에 한 어머니께서 이런 하소연을 했습니다.

"우리 아이는 초등학교 4학년인데요. 저축하는 게 싫데요. 그래서 저축이 뭐고, 은행이 뭐고, 그리고 이자에 대해서 조곤조곤 설명해줬죠. 그런데 아이가 이러는 거예요. 자기는 돈이 싫다고, 이자도 싫고, 엄마 아빠가 돈 돈 거리는 게 싫다고요. 그러더니 용돈이고, 용돈 기입장이고 뭐고 다 거부하는 거예요."

의외로 이런 경우가 많습니다. 다짜고짜 "학교 가기 싫어!"나 "공부하기 싫어!"라고 말하는 것처럼 "돈이 싫어!" "경제공부 싫어!" 라고 말하는 아이가 있습니다. 어떻게 보면 당연합니다. 경제교육이요? 금융교육이요? 부모님들이, 언론에서, 여기저기서 하도 중요하다고 강조하니까 어쩔 수 없이 여기저기 이끌려 다니는 것이지 본인 스스로가 대단한 재미를 느끼는 것은 아닙니다.

그런데 이런 아이에게 '나눔' 을 통한 접근을 시도해보면 뜻하지 않게 큰 효과를 얻을 수가 있습니다. 예를 들어 '착한 일을 하기 위해선 돈이 필요하다' 는 식으로 목적을 바꿔주는 것입니다. 저축에 있어서도 아이에게 이자가 얼마가 아니라, 그 이자로 무엇을 할 수 있느냐를 보여주고, 투자에 있어서도 투자로 발생하는 수익으로 할 수 있는 일을 제시해주는 것입니다. 그렇게 되면 기존의 돈에 대한 거부감도 없앨 수 있고, 자연스럽게 '기부' 라는 개념에 대해서도 익혀갈 수 있습니다.

나눔을 통한 접근의 효과는 여기서 그치는 것이 아니라, 다양한 영역에 적용될 수 있습니다. 예를 하나 들어보겠습니다. 마지막 파이 한 조각을 두고 남매가 서로 먹겠다고 다투고 있었습니다. 결국 오빠가 힘으로 여동생을 제압하고 피자를 빼앗으려는 순간, 때마침 '현명한 엄마' 가 등장했죠. 물론 "똑같이 반반씩 나눠 먹어!"라고 윽박지르면 쉽게 해결되겠지만 이 엄마는 달랐습니다.

부엌에서 칼을 갖고 와서는 남매에게 이렇게 말했습니다.

"누가 파이를 칼로 자를지는 너희들 스스로가 정해. 하지만 칼을 쥔 사람은 상대방이 원하는 크기만큼 잘라 줘야 한다. 알겠지?"

남매는 처음엔 먼저 서로 칼을 잡겠다고 했지만 이내 조용해졌습니다. 그러더니 이번엔 서로 칼을 안 잡겠다고 했고, 이어 조용한 눈빛으로 서로를 바라봤습니다. 결국 오빠가 칼을 잡았고, 동생의 요구대로 남은 파이를 정확히 두 쪽으로 잘라 동생과 한 쪽씩 나눠 먹었다고 합니다. 이 이야기는 바로 '협상(negotiation)'에 관한 탈무드의 한 구절입니다. 종종 협상이 마치 인생을 살아가는 잔재주로 폄하되기도 하는데 절대 그렇지 않습니다. 협상은 중요한 경제활동의 한 요소입니다. 단적인 예로 '연봉협상'이라고 있잖아요. 일 잘하고 열심히 하는 것만큼 거기에 대한 협상도 잘해야 비로소 자신의 가치는 더욱 빛나는 법입니다. 당연히 내 아이에게도 협상력을 알토란처럼 가르쳐야 합니다.

협상력은 타고나는 게 아닙니다. 협상을 잘 하는 유전자 DNA가 따로 존재하는 것도 아니고요. 협상력은 학습을 통해 습득되고, 훈련을 통해 개선되는 능력입니다. 자신이 갖고 있는 정보와 자신에게 주어진 기회, 그리고 자신의 현재 능력에 대한 객관적 인식을 통해서 협상력은 꾸준히 발전되는 것입니다. 특히 남을 설득하고, 자신의 주장을 관철시키는 능력도 그 기본은 협상력에서 비롯된다는 것을 알아야 합니다. 12살 이전의 아이는 수많은 반복적 연습을 통해 협상하는 법을 통째로 익혀버립니다.

혹시 여러분 중 누군가는 '나는 내 아이를 음흉한 사람으로 만들고 싶지 않다'고 생각할 수도 있습니다. 하지만 3일 후면 업그레이드 상품이 출시되는 사실을 미리 파악하고, 상점 주인에게 해당 물건을 "반값에 주세요."라고 말하는 건 절대로 음흉한 게 아닙니다. 오히려 음흉한 것으로 따지면 뻔히 신제품이 곧 나와서 현재 모델

이 구형 취급 받을 것을 알면서도 아무 언급 없이 손님에게 넘기는 게 더 음흉한 것이죠.

혹시 세금을 잘 내고 계십니까? 내가 열심히 번 소득에서 가차 없이 떼어가는 세금이 너무 밉지는 않으세요? 수백 억 원대 자산을 갖고 있는 사람들 중에선 그 어떤 것보다 세금을 관리하는 '세테크'가 중요한 수단이라는 것을 들어보셨죠? 그런데 아이에겐 세금을 어떻게 설명해줄 생각이세요? 세금을 내는 일은 과연 반드시 지켜야 할 국민의 의무일까요? 나의 당당한 권리는 아닐까요?

"세금 때문에 일 못해 먹겠네."라고 투덜대는 아빠를 보면서 아이는 아마도 이런 생각을 할 겁니다. '아니, 우리 아빠가 열심히 일해서 번 돈인데 왜 자꾸 뺏어가지?' 라고요. 이렇게 두면 안 됩니다. '세금'은 어떻게 보면 내 아이 경제교육의 최종 단계라고도 볼 수 있습니다. 여기엔 의무도, 권리도, 그리고 나눔도 함께 녹아있으며 같이 사는 법과 홀로 사는 법을 인식할 수 있는 좋은 수단이 됩니다. 아이가 왜 세금을 내야만 하는지, 그리고 세금을 통해 비로소 당당한 사회인이 될 수 있다는 것을 정확하게 이해하는 순간, 아이는 이제 '하산' 해도 좋을 것 같습니다.

록펠러 같은 아빠가 되는 법

20세기 초반까지 미국 최대 갑부로 평가 받던 록펠러의 자녀교육을 따라 해보겠다는 후배가 있었습니다. 이 후배는 28살에 결혼해서 이미 큰애가 초등학교 5학년인데요, 후배가 말하는 '록펠러의 원칙'은 간단했습니다. 아들에게 용돈을 주고서는 3분의 1은 지출, 3분의 1은 저축, 그리고 3분의 1은 기부에 쓰게 한다는 것입니다. 록펠러가 자신의 자식들에게 했던 것처럼 말이죠. 그리고 매주 토요일마다 용돈 기입장을 검사하고 잘 실천했는지 엄격한 가르침을 주겠다고 자신감을 보였습니다. 하지만 이 후배는 오래지 않아 슬그머니 '기부' 항목 부분을 제외시켰습니다. 후배가 기부 항목을 빼버린 이유는 명확했습니다.

"아들 녀석이 그러는 거야. 자기도 지금 힘든데 무슨 기부냐고. 용돈이나 왕창 올려달래. 생각해보니까 맞는 말인 것 같아서……. 하긴, 기부 같은 건 아직 너무 빠른 것도 같고……."

　　모 통신회사에 다니는
친구한테 들은 뒷맛이 개운치 않
은 사연도 있습니다. 딸 휴대폰 요금
이 30만 원이 넘게 나와서 통신사로 항
의하러 온 한 엄마에 관한 이야기인데요. 그
엄마는 결국 딸의 핸드폰 통화내역을 살펴봤는데, 통화료의 주범은
바로 모 TV 방송프로그램의 ARS 전화로 참여하는 전화 기부였다
고 합니다. 주위의 어려운 사람들의 사연이 소개되는 가운데 TV 화
면 위에 나온 번호로 전화를 하면 1000원 정도씩 기부를 하게 되는
TV프로그램 말이죠. 이 딸은 가슴 아픈 이야기들이 나올 때마다 한
푼이라도 도와주고 싶어서 계속 전화를 했고 그 결과 휴대폰 요금
이 상당한 액수로 커져버렸던 것입니다. 이 친구는 그 엄마에 대해
이렇게 말했습니다.

　　"나 같으면 그냥 '우리 딸 기특하다' 고 칭찬해줄 것 같은데 이 엄
마는 막무가내인 거야. 미성년자가 모르고 전화했으니까 취소해달
라고. 마지막엔 자기가 불우이웃이라고, 자기네도 먹고 살기 힘들
다고 하소연하더라."

종종 '기부'에 관한 항목이 왜 어린이 경제/금융교육에 포함되냐고 의아해하는 경우가 있습니다. 기부나 자선행위는 경제 쪽보다는 문화나 사회적 행위 부분에 더 어울린다고 생각하기 때문이죠. 그렇지 않습니다. 기부 행위는 분명 경제생활의 커다란 한 축을 구성하는 매우 중요한 경제 행위로 평가 받고 있습니다. '생산–소비–분배'라는 경제의 3요소 중, 분배 활동 부문과 관련해 결코 빼놓을 수 없는 것이 바로 기부와 자선사업인 것이죠.

수정자본주의 경제에선 정부가 분버 부문에 있어서 주요한 역할을 합니다. 하지만 아무리 정부가 노력하고 나서도 이것만으론 분배 문제를 해결하기가 불충분합니다. 그래서 결국 민간 차원에서 자발적으로 행해지는 추가적 분배 행위가 있어야 합니다. 그래야 비로소 수레바퀴의 톱니가 맞물리듯 자본주의 경제는 돌아갈 수 있는 것이죠. 이미 역사적으로 증명된 사실입니다. 분배 없이 생산과 소비 양대 축으로 유지됐던 경제 체제들은 모두 여지없이 무너졌고, 혁명, 쿠데타 등 피로 얼룩진 경험을 했습니다.

성취감의 또 다른 모습 '보람'

하지만 부모들은 이런 사실을 애써 망각하려고 합니다. 대부분 "나도 먹고 살기 힘든데 누굴 도와주냐?"는 식입니다. 그리고 안타깝게도 이런 부모들의 인식과 행동은 그대로 아이들에게 타고 내려옵니다.

전 '어린이 경제교실'에서 '잘난 척(?)' 하는 아이의 기를 단박에 죽이는 방법을 알고 있습니다. 화폐, 주식, 펀드, 금리, 이자, 환율 등의 개념을 기세등등하게 말하는 아이들에게 먼저 이런 질문을 던집니다.

"우리 어린이들 중에서 혹시 용돈 모아서 남을 위해 써본 적 있어요?"

이러면 몇몇 아이들이 말을 합니다. 불우이웃돕기 성금을 냈다, 같은 학교에 다니는 불우한 친구들을 도왔다 등 활약상을 이야기하죠. 그럼 이제 질문을 한 가지 더 던져봅니다.

"그럼, 매달 꾸준히, 정기적으로 기부하는 사람 있어요? 아, 혹시 용돈 중에서 저축처럼 기부금 항목으로 따로 빼놓고 있는 친구 있을까? 한번 손 들어보세요."

이쯤 되면 강의실은 잠잠해지기 시작합니다. 자신 있게 손드는 아이가 한 명도 없을 때도 있습니다. 용돈 중에 저축 항목을 두고 이를 먼저 채우는 아이는 많지만 기부금 항목을 두고 정기적으로 기부 행위를 하는 경우는 정말 찾기 어렵습니다. 이게 바로 대한민국 어린이 경제교육의 현실이기도 하고요. 바꿔야 합니다. 부모가 고쳐줘야 합니다. 아이는 정말 몰라서 못하는 것입니다.

특히 기부는 아이들에게 새로운 차원의 성취동기와 성취감을 줍니다. '백 점 맞으면 장난감 사준다'고 부모들이 약속해도 공부를 하지 않는 아이들도 '내가 매달 모은 1만 원이 아프리카 친구 10명을 먹여 살린다'라는 사실에 더 치열한 절약을 합니다. 그리고 바로 이런 과정을 통해 묘한 성취감 같은 걸 느끼게 되는데, 이런 감정이 바로 '보람'이라는 것입니다. 보람은 아이가 돈에 휘둘리지 않게 되는 중요한 경험을 줍니다.

어린 시절 이런 기부의 보람을 느끼게 해주세요. 지금 내 것을 없는 자에게 나눠줄 때, 그래서 이런 부족한 사람들이 더 나은 생활을 하게 될 때, 결국 지금의 내 것도 더 커지게 된다는 것을 실천을 통해 이해시켜주세요. 그래야 내 아이가 올바른 경제인이 됩니다. 이 나누는 기쁨을 배우고 보람을 느껴봐야 '돈의 노예'가 되지 않고 '돈의 주인'이 될 수 있습니다.

록펠러 따라하기 실전

실전은 간단합니다. 딱 록펠러처럼만 하세요. 용돈의 3분의 1은 지출, 3분의 1은 저축(투자), 그리고 3분의 1은 기부에 할당하면 됩니다. 무엇보다 기부는 저축이나 투자와 마찬가지로 '정기성'이 중요합니다. 물론 용돈의 3분의 1만큼 기부에 할당할 수 없는 경우가 많습니다. 그렇다면 5분의 1도 좋고, 10분의 1도 좋습니다. 하지만 '정기성'의 원칙은 지켜야 합니다.

또한 기부의 대상을 명확히 해야 합니다. 자신이 기부한 돈이 누구를 돕고 있는지가 구체적이어야 한다는 뜻입니다. 크리스마스 시즌에 거리를 걷다가 구세군 냄비에 500원짜리 동전을 넣는 것도 분명 아이에겐 좋은 경험이 됩니다. 하지만 교육을 위한 기부라면 더 정교해질 필요가 있습니다. 이런 건 미국 같은 선진국이 꽤 잘하는데요. 가령 아이의 돈이 "아프리카 수단에 살고 있는 친구 부바카의 책가방을 구입하는데 쓰였단다."라면서 아주 구체적으로 알려주는 것입니다. 이렇게 하면 아이는 기부에 대한 성취감도 커지고, 성인이 돼서도 어떻게 기부해야 할지를 익히게 됩니다.

물론 '○○○재단'에 기부하는 것도 좋습니다. 하지만 이때도 그 재단에 찾아가 아이의 돈이 어떻게 쓰이고 있는지를 정기적으로 확인시켜 주세요.

또 한 가지. 아주 결정적인 사안이 있습니다. 바로 아이의 기부 행위가 동정심이나 우월감에서 비롯되지 않도록 해야 한다는 것입니다. 내가 잘났으니까, 내가 풍족하니까, 그리고 저 사람은 못나고 가난하니까 기부한다는 식은 곤란합니다. 그래서 기부는 경제인이라면 마땅히 해야 할 하나의 경제 행위라는 의무감을 심어줘야 합니다. 아이에게 습관적으로 "기부는 무조건 해야 돼, 이건 너의 의무야.”라고 말해주세요. 기부천사로 블리는 가수 김장훈 씨의 어머니도 매일 “너 친구 만나면 무조건 주머니에 있는 돈 다 털어서 사주고 와.”라고 교육시켰다고 합니다. 이 교육이 옳고 그름을 떠나서 현재 김장훈 씨의 기부 마인드를 만드는 데는 분명 큰 역할을 했습니다.

내 아이에게 용돈을 아껴 절약하는 것처럼, 저축하고 투자하는 것처럼, 기부 역시 마땅히 해야 하는 ‘당위’로 인식시켜 주세요. 그래야만 아이가 성인이 돼서도 나눌 줄 알고 나눔의 행복을 아는 인간이 됩니다. 그래야 아이 자신도 행복해질 수 있습니다. 우리가 돈, 돈 하고 경제, 금융 교육을 외치는 것도 결국 행복해지기 위한 것 아니겠습니까.

경제는 나눌수록 커진다

어떻게 보면 나눔의 개념은 현대 경제의 필수 요소라고 볼 수 있습니다. 한 개인에게는 ‘돈의 주인’이 될 수 있는 기본 역량을 길러주지만 국가 전체, 세계 전체로 보면 나눔은 경제 수준이 한 단계 업그레이드 하는 중요한 역할을 한다는 뜻입니다.

가령 이렇게 생각해보세요. 대한민국 최고의 기업으로 손꼽히는 삼성전자도 결국 소비자들이 삼성전자의 핸드폰, TV, 컴퓨터를 많이 사줘야 그 지위가 유지되고 발전합니다. 그런데 이때 중요한 포인트가 있습니다. 최고 부자 10명이 한 명당 휴대폰 100개씩 사는 것보다, 중산층 1만 명이 1개씩 휴대폰을 사는 게 삼성전자 입장에서는 더욱 좋다는 것이죠. 부자들에게 소득의 40~50%라는 '무자비한(?)' 세금을 매기는 유럽 국가들도 마찬가지입니다. 이 나라 사람들이 '복지'에 대해서 대단한 애정을 갖고 있다기보다 이렇게 해야만 경제규모가 유지된다는 것을 알고 있기 때문입니다. 돈을 벌려면 누군가 돈을 써줘야 하는데 돈을 쓰는 사람이 없으면 당연히 돈을 벌 수도 없습니다. 그래서 일반적으로 부가 일부 계층에 집중돼 중산층이 무너지면 구매력이 떨어지고, 이어서 생산량이 줄어들고, 실업률이 증가하면서 한 국가의 경제가 공멸하게 되는 상황이 벌어지게 됩니다. 그래서 '나눔'의 개념은 매우 중요합니다. 단순히 개인의 기부 차원이 아니라 한 국가, 나아가 세계 경제를 돌리는 데 큰 역할을 하는 것입니다.

분명 기부를 싫어하는 아이가 존재합니다. 체계적인 기부 연습을 해보지 않은 고등학생 아이들은 기부에 대한 거부 반응을 보이기도 합니다. 그리고는 "아저씨나 기부 많이 하세요."라는 비아냥도 하기 일쑤입니다. 바로 기부를 '나누기(share)'가 아닌 '베풀기(give)'로 오해하고 있기 때문입니다. 그래서 12살 이전에 아이에게 '기부는 의무'라는 인식과 함께 '나눌수록 내 것이 커진다'는 인식을 병행해서 심어줘야 합니다. 의무적으로 기부하는 것이 습관이라면 나눌수록 내 것이 더 커진다는 것을 느끼는 경험은 이 습관을 들이기 위한 연습 과정이라고 할 수 있습니다.

최근에는 '나눔'을 콘셉트로 표방하는 '나눔 장터'가 많이 늘었습니다. 나눔 장터란 자신에게는 필요 없지만 남들에게는 쓸모 있는 물건들을 특정장소에서 서민들이 직접 사고 팔아 재사용(reuse)을 실천하고 수익금의 일부로 저소득층 어린이들을 돕는 곳입니다. 사전에 인터넷으로 참가신청을 하고 주말에 아이와 한번 물건을 들고 나가보세요. 아이들이 정말 좋아합니다. 이곳에서 얻은 물품에 대해 특별한 애정을 갖는 경우도 많고, 수익금을 기부하기 때문에 다양한 교육효과도 얻을 수 있습니다.

장난감 나누기부터 책 바꿔 읽기까지

나눌수록 내 것이 커진다는 것을 느끼게 해보려면 기본적으로 많은 것을 나눠봐야 합니다. 그래서 본인이 직접 거기에 따른 기쁨이나 혜택을 느껴봐야 하고요. 이런 경험이 있어야만 성인이 돼서도 나눌 줄 알게 되고, 의료보험제도, 국민연금제도, 기타 복지 관련 세금 문제에 대해서 올바른 인식을 가지게 될 것입니다.

먼저 4세부터 많게는 9세 정도까지는 친구와 '장난감 나누기'가 좋은 훈련법이 됩니다. 그런데 문제는 자신의 장난감을 친구에게 선뜻 내주는 경우를 찾기 힘들다는 데 있습니다. 오히려 당장 갖고 놀지 않는 장난감도 전부 움켜쥐고 다른 아이가 손대지 못하게 하는 모습이 많이 나타나죠. 이처럼 나누는 자체가 어렵기 때문에 이를 통해 기쁨을 느끼게 하는 것이 불가능해 보입니다. 그런데 이런 행동은 유아기의 자기중심적인 사고에서 기인되는 것으로 매우 자연스러운 행동입니다. 그래서 지나치게 야단을 치거나 강압적으로 누르는 것은 많은 부작용을 낳습니다. 물론 그렇다고 이러한 행동을 그냥 받아주거나 못 본 척 그냥 넘어가는 것도 좋지 않습니다. 아이의 경우 분명 자기중심적 사고에서 벗어나 친사회적인 행동발달이 가능한데 부모 스스로가 이런 기회를 포기하는 것이기 때문입니다.

이때는 부모가 나서는 게 좋습니다. 자신의 아이가 장난감을 움켜주고 절대로 나누려고 하지 않을 때 부모는 대신 자신의 물건―핸드폰, 지갑, 화장품 등―을 상대방 아이에게 주면서 함께 노는 것입니다. 이렇게 되면 많은 아이들은 자신의 부모의 행동을 따라하게 됩니다. 대부분 자신의 장난감을 슬그머니 내놓거나 장난감을 갖고 와 자신의 부모와 상대방 아이의 놀이에 동참하려는 모습을 보입니다. 이런 상황이 몇 번 반복되면 아이는 이제 장난감을 내놓는 것에 반감이 없게 되고요. 그러면 이제 다른 아이와 함께 노는 법을 가르쳐주면 됩니다.

　초등학교 4학년 정도까지 저학년 아이라면 '나누기 실천 노트'를 활용하는 것이 좋은 훈련이 됩니다. '나누기 실천 노트'에 자신이 매주 학교나 학원에서 친구들과 어떤 것을 나눴는지를 적어놓는 방식입니다. 가령 친구가 힘들어하는 산수 문제를 도와주었다거나, 자신이 다 읽은 영어 동화책을 주었다는 등 자신의 나눔 행동을 기록하는 것이죠. 이때 자신의 감정이나, 친구가 어떤 반응을 보였는지 함께 기록하게 하면 더욱 효과적입니다. 그런데 이 연습은 어릴 때부터 시작해야만 좋습니다. 6학년 정도만 되어도 이 '나누기 실천 노트'를 쓰라고 하면 꽤나 힘들어합니다. "뭐, 이런 것을 써?"라는 반발이 나오는 경우도 많습니다. 대신 아이가 초등학교 고학년이라면 자신의 책을 친구와 바꿔 보는 연습을 해보면 좋습니다. 노트 필기나 참고서까지 교환해보면 좋겠지만 요즘엔 이게 민감한 문제라서 일반적인 책 정도로 한정해야 할 것 같습니다.

　대학에 입학할 때까지 남의 도움을 한 번도 안 받고, 자신도 남에게 단 한 번의 도움도 주지 않고 성장한 아이가 있습니다. 어떻게 보면 꽤나 '쿨(cool)' 해 보이지만 이게 꼭 그렇지만은 않습니다. 여기까지가 한계거든요. 고등학교까지는 부모의 '완벽한(?)' 도움으로 버틸 수 있다고 하더라도 19살이 넘어가면 인간은 이제 누구나 남의 도움을 받아야만 합니다. 그리고 내 것도 내놓아야만 하고요.

'기브 앤드 테이크'라는 '정치'도 결국 주는 것에서부터 시작합니다. 잘 알다시피 '주지도 않고, 받지도 않겠다'는 태도로는 절대로 이 세상을 살아갈 수 없습니다. 그런데 이런 생활 자세는 어릴 때 배우지 못하면 어른이 돼서 결코 할 수 없습니다. 그래서 지금 아이 때부터 몸에 익혀야 합니다.

초등학교 4학년 이상의 자녀라면 아이와 함께 병원에 다니면서 우리나라의 의료보험제도에 대해서 한 번쯤 설명해줘야 한다. 무엇보다 대한민국 의료보험제도에는 '나눔'이라는 콘셉트가 숨어있어 아이에게 꽤 훌륭한 경제교육이 될 것 같다. 지극히 개인적인 생각이지만 아이에게 우리나라 의료보험제도에 대해 자랑스러움을 갖게 해도 좋다고 주장하는 바다.

우리나라 의료보험제도는 국민건강보험공단이라는 창구를 통해 전 국민을 대상으로 강제적으로 가입하게 돼 있다. 직장에 다니는 사람은 직장의료보험 혜택을, 그렇지 않는 사람들은 지역의료보험을 적용받게 된다. 여기서 포인트는 '전 국민 대상'과 '강제적'이라는 데 있다. 소득이 있는 사람들이 자신의 소득에 비례해서 보험료를 내고, 직장인의 경우 고용주(회사)와 반반씩 부담해 이를 통해 전 국민에게 보험 혜택을 주는 형식이다. 소득이 높은 사람들은 상대적으로 많은 부담을, 소득이 작거나 없는 사람들은 상대적으로 적은 부담을 지지만 결론적으로 받게 되는 의료 서비스에는 차이가 없다.

물론 이처럼 단 하나의 보험공단이 독점적으로 모든 병원과 강제적으로 계약을 하고, 병원 간의 차이를 고려하지 않은 채 진료비를 같은 가격에 책정하는 표준화된 의료 서비스의 약점도 있다. 일명 '하향평준화' 효과로, 차별화된 의료 서비스 또는 의료신기술의 개발이나 도입에 불리한 점이 있다. 의료보험

에 커버되는 질병과 그렇지 않은 질병이 존재하기 때문에 환자 당사자 입장에
서는 희비가 엇갈릴 수도 있다. 또한 저렴한 의료비 부담으로 국민들은 감기
만 걸려도 병원을 찾게 되고, 이런 상황이 반복되면서 건강보험공단의 적자는
빠른 속도로 커져가고 있다. 이렇게 되면 분명 국민들의 본인분담금도 커지게
될 것이다. 특히 소득원이 뚜렷하게 공개되는 샐러리맨들이 좀 더 불리한 위
치가 될 수 있다.

그러나 이런 약점에도 불구하고 대한민국 의료보험제도는 장점이 훨씬 많
다. '병원에 가는 데 망설여지지 않는다' 는 이 한마디로 모든 것이 설명되리
라. 실제 돈 많은 사람들은 돈을 더 많이 내는 대신 최고의 서비스를 받고, 돈
없는 사람들은 돈을 덜 내거나, 못 내는 대신 병원 근처에도 얼씬하지 못하는
미국의 민영보험 현실을 보면 우리나라 의료보험의 고마움을 더욱 느낄 것이
다. 미국에 사는 친구나 친척에게 물어보면 알겠지만 감기는 말할 것도 없고
이빨이 다 썩어도 치과에 갈 엄두를 내지 못한다. 매달 80~90만 원 수준의 보
험료를 내고서도 받는 의료수준은 중하급에 불과하다. 오죽했으면 요즘 미국
이 '한국 의료보험제도를 본받자' 라고 슬로건을 내걸 정도다. 아이에게 이렇
게 말해주자.

"인수야. 넌 앞으로 돈 많이 벌면 남보다 좀 더 많은 의료보험료 내는 거를
자랑스럽게 생각해라. 네가 부담한 돈으로 시골 산골마을에 사는 할머니도 서
울 대형병원에 치료받으러 오실 수 있는 거야. 어쩌면 넌 1년에 한 번도 병원
에 안 갈 수도 있지만 세상이 원래 그렇게 나누면서 사는 거야. 그래야 너도 나
눔을 받을 수 있단다."

무역과 품앗이 교육

초등학교 5학년이 되면 본격적으로 '무역'이란 것에 대해 배웁니다. 그러면서 자연스럽게 국가 간 물건을 사고 파는 수입과 수출에 대해서도 학습하게 되지요. 무역 관련 교과서 내용이나 시험 문제를 보면 '무역이 왜 필요할까요?'란 질문에 자연환경의 차이, 자원의 차이, 기술과 자본의 차이 등 3가지 이유가 나옵니다. 심화학습을 보면 유형무역과 무형무역, 일반무역과 특수무역, 인터넷과 전자무역 등에 관련된 이야기도 나오고요.

부모님들 중엔 "무역을 배우면서 당연히 환율도 익히고 넘어가야 합니다."라고 말하는 분들이 있습니다. 마치 몇 학년 때는 수학을 어디까지 배워야 하고, 몇 살 이전에 영어는 어떻게 익혀야 하는 것처럼 경제교육도 하나의 '진도 뽑기'로 생각하는 듯합니다.

그렇지만 이런 건 그다지 효과가 없습니다. 아이에게 수출과 수입의 효과를 암기시키고, 원화환율이 오르면 어떤 현상이 나타나는

지를 설명해줘도 그건 아이에게 하나의 머릿속 지식에 불과할 뿐이
니까요. 지금 중요한 건 왜 우린 무역을 할 수밖에 없는가에 대해
말해주는 것입니다.

이것은 바로 '차이'에 대한 설명이기도 합니다. 전문용어로는
'비교우위'라고도 하죠. 아이들은 무역의 이유에 대해 각 나라마다
자연환경이 달라서, 보유하고 있는 자원이 달라서, 그리고 기술 수
준이나 보유하고 있는 자본이 달라서라고 배우고 있습니다. 이것을
그대로 이용하면 됩니다. 다르기 때문에 협동하거나 나눌 수밖에
없다는 것을 다각도로 이해시켜주는 겁니다. 우린 다릅니다. 차이
가 존재합니다. 비교우위가 존재하고, 상대적으로 비교열위도 발생
하는 것이죠. 그래서 서로 무역을 하는 것이고, 협동하는 것입니다.

뭔가를 함께 한다는 것

요즘 아이들에겐 '품앗이'라
는 말이 익숙하지가 않습니다.
뭔가를 함께 한다는 것에

대해서도 불편을 느끼고요. 그래서인지 서로간의 '차이'를 인정하기가 쉽지 않아 보입니다. 자신은 줄넘기를 잘 못하고, 짝꿍은 잘 하는데도 절대로 짝꿍에게 도와달라는 말을 하지 않죠. 비싼 돈을 주고 '체육 과외'는 받아도 친구에게 도움을 청하지 않습니다. 협동이나 협력, 그리고 함께 하는 일에 대해 두려워할 정도입니다.

이런 상황에서 무역의 효과가 어떻고, 환율이 오르고 내리고 하는 문제가 뭐가 그리 대단합니까. 오히려 짝꿍에게 줄넘기를 배우는 대신 자신은 리코더를 가르쳐주는 그런 나눔이 더 소중한 것 아닙니까.

직설적으로라도 아이에게 "우리는 모두 달라, 그런데 다르다는 건 잘못이 아냐."라고 말해주십시오. "키가 크기도 하고, 작기도 하고, 달리기를 잘하는 친구가 있으면 또 못하는 친구도 있는 거야."라고 이해시켜 주세요.

그리고 또 이렇게도 가르쳐주세요. 부모님 스스로 절대로 인정하고 싶지 않고, 인정할 수도 없다고 해도 말입니다.

"예린아, 공부를 잘 하는 아이도 있고, 또 못하는 아이도 있어. 마찬가지로 돈 많은 아빠가 있는 반면에 당연히 가난한 아빠도 있는 거야. 그 자체로는 절대로 옳거나 틀린 게 아냐. 잘못된 건 열심히 해보지도 않고 포기하는 것이고, 그리고 자신이 잘하는 것을, 많이 갖고 있는 것을 나눌 줄 모르는 일이야."라고요.

괜시리 아이에게 공부 못하는 핑계거리 만들어주는 거 아니냐고요? 그렇지 않습니다. 고등학생 딸에게 이런 말을 해주라는 게 아닙니다. 이제 11살, 12살, 13살 아이에게 들려주는 이야기입니다. 아이는 더 쉽게, 그리고 진정성을 갖고 받아들입니다. 그리고 도움을 줄 줄 알고, 또 받는 것에 대해서도 당당합니다. 그렇게 사회 교과서에 나오는 '무역'을 익혀가는 것입니다.

품앗이 교육 실전편

혹시 '품앗이 교육'이라고 들어 보셨는지요? 바로 비싼 교육비 부담 때문에 학원에 의지하지 않고 마음이 통하는 또래 자녀들의 부모들이 영어, 수학, 음악, 미술, 체육 등 각자 전공을 살려 아이들을 가르치는 학습법입니다. 인터넷 카페 문화가 빠르게 정착돼 가면서 이 '품앗이 교육' 또는 '품앗이 학습법'도 점차 확산되고 있습니다.

엄밀히 말해 이 교육방식이 내 아이에게 협동이나 나눔을 직접적으로 가르쳐주진 않습니다. 왜냐하면 이것은 오히려 부모님들이 주도하기 때문입니다. 그렇지만 이 과정을 통해 아이들도 자연스럽게 '주고' '받는' 것을 배울 수 있습니다. 아이는 엄마 아빠를 자신과 동일시하는 경향이 있기 때문이죠.

그런데 대충, 이벤트 성으로, 일회성으로 해서는 안 됩니다. 한번 시작하려고 맘 먹었으면 기간(시간)을 정해놓고 과목별로 교과계획을 철저하게 세우고, 매 수업마다 교육 후기를 서로 나누는 과정이 필요합니다. 일반적으로 3~5명 정도로 팀을 나누는 것이 적당하다는 평입니다. 아이들 팀 구성원이 이보다 더 많게 되면 본의 아니게 귀찮은 문제들이 생겨나기 때문입니다.

세부적으로 보면 영어를 잘하는 엄마, 대학교 때 피아노를 전공한 엄마, 국세청에 다니는 아빠(경제), 기자 출신의 아빠(논술) 등 부모님들이 하루씩 돌려가면서 2시간 정도 아이들을 교육하게 됩니다. 아직까지 품앗이 교육은 피아노, 미술 같은 예능교육에서 효과를 얻고 있는데요, 어느 정도 체계화가 잡히면 이제 영어, 산수(수학), 논술(독서) 등에 대한 교육도 힘을 받게 될 것입니다.

경석이는 민정이 엄마한테 영어를 배우고, 민정이는 경석이 엄마한테 미술을 배운다는 것. 학습효과를 떠나 이 자체만으로도 아이에겐 소중한 경험입니다. 무역에 존재하는 비교우위(또는 비교열위)를 자연스럽게 체득하는 것이죠. '품앗이 교육'의 보너스이기도 합니다.

세금으로 배우는 '공평함'

아이들과 대화를 해보면 정말 깜짝 놀랄 때가 많습니다. 어느 정도 '어린이 경제교육' 이나 '경제교육캠프' 에서 내공을 다진 아이들의 지식 수준은 정말 높습니다.

한번은 "어린이 여러분들은 세금을 내나요?"라고 질문을 던져 봤습니다. 세금 개념을 설명하기 전에 살짝 맛배기 질문을 던졌던 것이죠. 그런데 웬걸, 돌아오는 답변이 대단했습니다. "아이스크림을 사 먹을 때마다 세금을 냅니다."나 "내 저축 이자에도 세금이 붙어요." 같은 답들이 쏟아져 나왔기 때문입니다. 초등학교 5~6학년에 불과한데 아이들은 벌써 '간접세(부가가치세)' 나 '이자소득세' 에 대한 개념을 알고 있었던 것입니다.

세금이 민주사회 시민의 의무라는 점도 정확히 알고 있습니다. 국방의 의무, 교육의 의무, 근로의 의무와 함께 납세의 의무는 국민의 4대 의무 중 하나라는 사실을요. 나라를 유지하는데 필요한 국

방, 치안, 교육, 도로·항만 등 대규모 사회간접자본의 건설에 들어
가는 돈을 국민 각자가 나누어 내는 것이 세금이라는 세금의 정의
는 말할 것도 없고요.

실은 이 정도면 세금에 대해 충분히 학습한 것입니다. 아이 때부
터 상속세를 어떻게 하면 줄일 수 있을까, 또는 부동산 가격과 양도
세의 관계에 대해서 배울 필요는 없거든요. 결국 '로빈슨 크루소처
럼 무인도에서 혼자 살지 않고 함께 살기 위해선 세금이란 것이 필
연적이다' 라는 정도만 익히면 될 것 같습니다.

그런데 세금과 관련해서 한번 '공평함' 이란 주제에 대해서 아이

와 함께 이야기했으면 좋겠습니다. 어려운 말로 바로 '공평과세' 에 대한 문제입니다. 우리나라 헌법에는 국민들에게 납세의 의무를 부여하고 있죠. 또한 이때 공평하게 내야 한다는 의미도 들어있습니다. 그런데 '공평' 이란 과연 무엇을 말하는 것일까요.

대한민국 사람 모두가 똑같은 액수만큼 세금을 내는 것이 공평한 것일까요, 아니면 부자는 더 많이 세금을 내고, 가난한 사람은 상대적으로 덜 내는 것이 공평한 건가요. 이렇게도 생각해볼 수 있죠. 세금을 갖고 국가가 만든 각종 시설의 혜택을 더 많이 누리는 사람이 더 많은 세금을 내야 되는 것이라고요. 혹은 부자는 그 자체로 혜택을 많이 입은 것이니까 무조건 부자들이 세금을 더 내야 한다고 말할 수도 있겠습니다. 과연 어떤 것이 정답일까요.

정답은 없습니다. 세계 유명 경제학자들도 맨날 이 문제를 놓고 티격태격 합니다.

공평과세 문제를 아이에게 설명하면서 빼놓지 않고 말해주는 단골 비유가 있습니다. 어느 농촌마을에 필요한 공동우물을 만드는데 경비를 세금을 통해서 충당한다, 그런데 이때 세금은 마을 주민이 각각 보유하고 있는 논과 밭의 크기에 따라 부담한다는 것이죠. 이게 바로 '공평과세' 라는 것입니다. 그런데 이건 그야말로 하나의 사례에 불과합니다. 현대 사회에서 세금은 이렇게 딱딱 떨어지지 않습니다.

'공평과세'의 정답은 없다

아이에게 이런 질문을 던져보세요. 세금을 내는 다음 세 가지 방법 중 어떤 것이 가장 공평한지 생각해보라는 문제입니다.

1번은 누구나 똑같은 액수의 세금을 내는 것, 2번은 재산이 많을수록 더 많은 세금을 내는 것, 3번은 예외 없이 자신의 재산에 10분의 1을 세금으로 내는 것 등입니다. 물론 정답은 없습니다. 하지만 이 과정을 통해서 아이 스스로가 무엇이 정말 공평한 것인지에 대해 생각해보게 하는 것이 목적입니다.

실제로 해보면 알겠지만 대부분의 아이들은 2번을 선택합니다. 어디서 영향을 받았는지 모르겠지만 보통의 아이들은 무조건적으로 부자는 더 많은 세금을 내야 한다고 대답을 합니다. 부모는 이럴 땐 꼭 문제 제기를 해줘야 합니다. 예를 들어 "왜? 부자들은 더 열심히 노력해서 돈을 벌었잖아. 그런데 세금도 더 내야 한다고? 그게 공평한 거야?"라는 식으로요. 그럼 이제 아이들은 또 뭔가 자신의 이야기를 말할 것입니다. 또한 1번을 답한 경우, 아니면 3번을 답한 경우에도 꼭 반론을 제기해 아이에게 더 많은 생각을 할 수 있는 기회를 주세요.

"국가에서 세금을 줄여주면 사람들은 일을 더 열심히 할까, 아니면 게을러질까?"나 "우리나라에선 석유가 한 방울도 안 나잖아. 이럴 때 석유에 많은 세금을 부과하면 사람들이 석유를 아껴 쓸까?"

등과 같은 식의 질문도 매우 좋습니다. 세금의 부가적인 기능에 대해 아이가 생각해보는 계기가 됩니다.

세금을 줄여주면 사람들이 부자가 되려고 더 열심히 일도 하겠지만 반대로 줄여주는 만큼 그냥 앉아서 노는 사람도 나타납니다. 휘발유에 높은 세금을 매기면 석유는 아껴 쓰겠지만 상대적으로 자동차 산업은 울상을 짓게 됩니다. 이처럼 세금에 대한 문제는 경제 전반에 대한 통찰로 이어집니다. 아이가 참 많은 생각을 할 수 있게 됩니다. 그래서 세금교육은 거의 어린이 경제교육에 있어 마지막 단계라고 할 수 있습니다.

그래도 한 가지 명확한 사실은 있습니다. 바로 '세금은 어떤 식으로든 공평해야 한다' 는 사실입니다. 반드시 공평하게 걷어야 하고, 또 공평하게 쓰여야 합니다. 그런데 이때 '공평함' 에 대한 정답은 없습니다. 그때 그때 시기의 다양한 요인에 맞춰 결정돼야 하구요, 또한 그만큼 많은 고민과 연구가 뒤따라야 한다는 것을 아이에게 알려주세요.

경제학은 수학이나 물리학과 같은 완벽한 공식이나, 만고불변의 진리를 찾는 학문이 아닙니다. 늘 변하고, 수정되며, 발전하는 학문이지요. 아이 경제/금융 교육도 마찬가지 입니다. 마치 세금에 있어서의 공평함처럼 말입니다.

　우리 생활에 참 많은 도움을 주는 세금은 처음 의도와는 다른, 역효과를 나타내기도 한다. 1696년부터 1851년까지 영국에는 창문세가 있었다. 당시엔 유리 값이 비싸서 부자들의 집에만 창문이 있었기 때문에 영국 정부는 창문이 10개 이상 되는 집을 부자의 기준으로 삼고, 이른바 '창문세'를 부과한 것이다. 그런데 문제는 바로 여기서부터 발생했다. 당시 부자들은 세금을 내지 않으려고 기존의 창문은 모두 막아버리고 새로 짓는 집의 경우에도 창문을 최소화시켰던 것이다. 그래서 아이러니컬하게도 17세기에 지어진 영국의 집들은 창문이 10개를 넘는 경우를 찾아보기가 힘들다. 일명 '세금의 역효과'가 발생한 것이다. 심지어 창문세를 피하기 위해 창문이 하나도 없는 집이 건축되자 영국은 여론 악화를 견디다 못해 1851년 드디어 창문세를 폐지했다. '신문세'라는 것도 있었다. 비판적인 언론을 억압하기 위해 신문세를 물렸는데 신문의 페이지에 따라 과세했다. 하지만 이를 피해하기 위해 페이지 수를 줄이고 대신 면이 커지는 신문이 등장하기도 했다.

　만약 정부가 저출산 고령화 대책을 해결하기 위한 재원을 마련하려고 맞벌이 부부와 독신 가정 등에 기존에 받고 있는 세제 혜택을 빼앗아 간다면 과연 이는 현명한 선택일까. 오히려 사 교육비 부담을 덜어주고, 맞벌이 부부의 근로 의욕을 북돋아주는 세금정책이 저출산 고령화 대책의 최선책이 아닐까.

　사실 조세는 정부의 필요에 따라 거두는 것이 원칙인 만큼 뚜렷한 기준이란 있을 수 없다. 세금의 역사를 돌이켜봐도 세금과 벌금은 그 구분이 분명하지 않은 경우가 많았다. 하지만 최소한 세금의 역효과를 발생시키지 않는 차원의 세금 정책은 필요할 것 같다.

백화점에서도 물건 값은
깎을 수가 있다

협상, 분명 세상의 8할은 협상입니다. 아니, 경제 활동의 절반 이상을 협상이라고 해도 과언이 아닙니다. 협상은 영화 '네고시에이터 (negotiator, 협상가)' 에 나오는 범죄협상전문가나, 일 년에 200일 이상을 테이블에 앉아 수천 건의 협상을 주도하는 다국적기업 임원들만의 것이 아닙니다. 눈에 넣어도 아프지 않을 내 아이가 당장 동네 놀이터에서 덩치 큰 형들을 만나 겪게 되는 숨 막히는 상황입니다.

42살에 시험관아기 시술을 통해 아들을 본 회사선배가 있었는데요. 한동안 6살 난 아들 때문에 고민이 많았습니다. 이제 겨우 6살인데 놀이터에서 따돌림을 당하고 있기 때문이죠. 문제는 바로 '그네' 였습니다. 선배 아들은 그네를 엄청 좋아해 한 번 타면 2시간 동안이나 독점한다고 합니다. 결국 그네를 놓고 매번 놀이터 애들과 싸움이 일어났는데 이런 일이 워낙 많아 어느 순간부터 '왕따' 취급을 받고 있다는 것이죠. 아들만 그네에 앉으면 나머지 애들이 똘똘 뭉쳐 놀이터 저쪽에서 다른 놀이를 한다는 것입니다.

이건 전적으로, 100% 부모의 잘못입니다. 교육의 부재입니다. 안 믿을지 모르겠지만 협상의 기술과 태도는 3~4살부터 생활 속에서 습득되기 때문이죠. 그래서 귀한 아들, 딸일수록 '협상'에 대한 학습은 빨리, 효과적으로 이뤄져야 합니다. 떼를 쓰거나, 싸움을 통해서 자기 것을 얻어내는 것은 정말 최악의 협상입니다.

협상이란 '나에게 뭔가를 원하는 상대로부터 오히려 내가 원하는 뭔가를 얻어내는 일'입니다. 협상을 통해서 서로 주고받을 수 있

지만 '협동'과는 다른 차원입니다. 좀 노골적으로 말하면 '덜 주고 많이 받는' 과정이라고 할까요? 이런 점 때문에 협상은 내 아이가 평생을 살아가는 데 있어 반드시 필요한 생존기술이 됩니다. 돈 문제만이 아닙니다. 자유, 정의나 사랑, 신체적 안전 등 그 무엇이든 간에 협상을 통해 얻어낼 수 있기 때문입니다.

정보, 기회, 힘의 불균형

우리 아이를 협상의 강자로 키우는 데는 생활 속의 몇 가지 작은 실천으로도 좋은 효과를 얻을 수 있습니다. 모든 협상에는 세 가지 중요한 요소가 항상 포함됩니다. 그것은 바로 정보, 시간(기회), 힘입니다. 정보량의 차이, 사용할 수 있는 시간의 여지, 그리고 힘과 권위의 '불균형'에서 협상은 시작되는 것이죠. 따라서 협상에 대한 아이 교육도 이 3가지 요소에 맞춰 이뤄져야 합니다.

첫째, '난 얼마나 더 많이 알고(모르고) 있는가', 둘째 '난 시간이 많은가, 적은가' 그리고 셋째, '내가 강자인가, 약자인가'에 대한 3가지 항목을 자동적으로 파악하게 만드는 훈련이 필요합니다.

★ 첫 번째 요소 : 난 얼마나 더 많이 알고(모르고) 있는가 ★

물건 값을 깎는 연습은 아이에게 협상력을 키우는 좋은 기회가 됩니다. 이때 아이들에게 가르쳐야 할 부분은 바로 정보에 대한 점검입니다. 무턱대고 장난감 가게에 데리고 가서 "영신아, 가격 한 번 깎아 봐."라는 식은 정말 곤란합니다.

먼저 정보획득 능력을 키워줘야 합니다. 다른 가게에선 얼마인지, 크리스마스(또는 어린이날) 세일 계획이 있는지, 아니면 신제품은 언제 출시되는지 등을 미리 알아내는 것입니다. 굳이 다른 가게를 다닐 필요도 없습니다. 가게 주인과 대화를 통해서도 다양한 정보를 얻어낼 수 있으니까요. 그리고선 이제 협상을 시작해보는 것입니다. "아저씨, 이거 다음 주에 업그레이드 상품 나오는데 2000원만 깎아 주세요."라는 식이 좋습니다.

정보획득과 관련해서는 삼단논법 훈련이 좋습니다. 바로 '모든 인간은 죽는다 → 소크라테스는 인간이다 → 따라서 소크라테스는 죽는다' 식의 삼단논법 연습을 생활 속에서 수십 번 반복시켜 줘야 합니다. 부모님 스스로도 단순히 양치하라고 윽박지를 게 아니라, "양치 안 하면 이빨 썩어서 괴로워져 → 그런데 너가 양치를 지금 안 하네 → 아마 넌 곧 이빨이 아파 치과에 가서 엉엉 울 거야." 같은 식으로 아이들과 대화를 이끌어가면 좋습니다.

1950년대 창안된 게임 이론으로 그 유명한 일명 '죄수의 딜레마'가 있다. 고전적인 개념은 이런 것이다. 공범이었던 A와 B가 심문을 받는다. 그때 재판관이 이런 제안을 한다.

"둘 다 의리를 지켜 침묵하면 같이 1년 형을 주겠다. 대신 한 명은 침묵하고, 한 명은 자백하면 자백한 자는 무죄석방, 침묵한 자는 5년 형을 내리겠다. 그리고 마지막으로 두 명 모두 자백하면 똑같이 3년 형을 줄 것이다. 자, 그럼 A와 B 각자 다른 방에 들어가서 최후 진술을 하라."

과연 여러분은 이런 상황에서 어떤 결단을 내릴 것인가. 논리적으로는 보면 상대가 의리를 지켜 침묵을 하든 아니면 자백을 하든지 난 그냥 모든 죄를 자백하는 것이 유리하다. 상대방이 침묵할 경우 난 무죄 방면되고, 반면 상대가 자백해도 3년 형에 그칠 것이기 때문이다.

하지만 문제는 그렇게 쉽지 않다. 분명 상대방도 나와 똑같은 생각을 할 것이기 때문이다. 그 역시 자백을 하는 게 최선이라고 생각할 것이 분명해 무죄석방이나 1년 형을 받기는 불가능하게 된다. 분명 각 개인은 모험이 아닌 합리적인 결론을 내렸는데 이것이 두 사람 모두에게는 더 나쁜 결론을 가져오는 것, 이것이 바로 '죄수의 딜레마'이다.

이후 이 '죄수의 딜레마'는 여러 각도에서 조명됐다. 특히 단 한 차례만 게임을 한다면 '배신(자백)'이 가장 합리적이지만 게임을 반복할 경우(반복적 죄수의 딜레마)에는 이야기가 달라진다는 학설도 나왔다. 예를 들어 첫 번째 게임에선 먼저 침묵하고 두 번째 부터 이전 게임에서 상대방의 선택과 동일하게 따라 하는 것이다. 일명 '따라하기 전략' 혹은 '맞대응 전략' '되갚기 전략'으로 불리기도 한다.

죄수 A는 먼저 의리를 지켜 침묵했는데 B가 배신하면 다음 게임에서 A는 배신으로 맞서는 식이다. 이런 따라하기가 반복되면 어느덧 상대방의 결정을 예측할 수 있게 되고 결국 둘 다 침묵하는 결론(최적의 결과)에 도달한다는 뜻이다. 이 '반복적 죄수의 딜레마'의 본질은 상대방이 잘해야 나도 잘할 수 있고, 상대가 나의 행동 및 협력을 예측해야 상대의 협력도 끌어낼 수 있다는 결론에서 찾을 수 있다. 혼자 잘 하면 2등 밖에 못하지만 힘을 합치면 1등을 할 수 있다는 뜻이기도 하다.

최근 대한민국 사교육 시장에도 이런 '죄수의 딜레마'가 그대로 반영되고 있다. 일명 '철수 엄마의 딜레마'라고 불리는 것인데 사교육을 놓고 수많은 엄마들이 벌이는 게임이다. 즉, "철수 엄마가 과외 시키니까 나도 내 아이 과외 시킨다."는 것이고 바꿔 말해 "우리 모두 과외 안 시키면 나도 안 시키겠지만 분명 철수 엄마 같은 사람이 있어서 어쩔 수 없이 나도 사교육에 올인한다."는 하소연이기도 하다.

많은 엄마들이 그런다. 다른 엄마들이 학원에 보내지 않는다는 확신만 있다면 당연히 나도 아이에게 그렇게 비싼 돈 들여가며 사교육 시키지 않는다고. 그 돈으로 노후설계와 은퇴설계를 알토란처럼 할 것이라고. 그렇지만 현실적으로 그 누구도 이런 확신을 줄 수 없다. 죄수 A가 죄수 B가 의리를 지켜 침묵할 것이라고 확신할 수 없듯이 우리 엄마들 역시 철수 엄마를 결코 믿지 못한다. 해법은 한 가지다. 반복적 게임에서 죄수 A가 계속해서 침묵을 지켜 죄수 B의 침묵을 유도하는 것뿐이다. 바꿔 말해 공교육 만으로 성공한 엄마들이 계속 나와서 수많은 '철수 엄마'들을 되돌려야 한다는 뜻이다. 현실적으로 어렵겠다고 비판할지 모르지만 '철수 엄마 딜레마'를 풀 방법은 이것 밖에 없다.

★ 두 번째 요소 : 난 시간이 많은가, 적은가 ★

'기회(시간)'와 관련된 연습도 필요합니다. 다양한 기회를 만들어낼수록 협상에 있어 유리한 입장에 서게 된다는 것이죠.

예를 들어 "100점 맞으면 옷 한 벌 사준다.", "1등 하면 자전거 사 줄게." 등과 같은 식의 아이와의 협상은 최악입니다. 이건 곧 100점 을 못 맞으면 아무것도 안 된다는 이야기이고, 1등을 못하면 2등이 나, 10등이나 아무런 차이가 없다는 인식을 심어주게 되니까요. 오 히려 아이에게 '올 오어 낫씽(All or Nothing)' 식의 잘못된 습관을 들게 해줍니다.

아이에게 세상에는 많은 기회가 있다는 걸 알려줘야 합니다. 협 상의 본질 역시 많은 기회, 많은 해결책이 있다는 데서 출발하는 것 이니까요. 가령 비만인 아이에게 살을 빼는 유인책을 주기 위해선 "10킬로그램 빼면 뭐든 너 소원 다 들어준다"는 식의 협상은 곤란 합니다. 오히려 "10킬로그램 감량하면 옷 한 벌, 5킬로그램 줄이면 게임기, 3킬로그램이면 운동화' 등처럼 기회를 아주 다각화해야 합 니다. 그래야 아이가 살을 빼는 데 도전할 수 있고, 도전해서도 꾸 준하게 지속할 수 있습니다. 무엇보다 이렇게 부모들이 아이를 유 도해야 아이가 '이것 아니면 저것', '1등 아니면 꼴등', '부자 아니 면 가난뱅이' 같은 양분법에 빠지지 않습니다. 그리고 이런 융통성 을 갖고 있어야만 협상의 강자가 될 수 있고요. 다시 말하지만 아이 들은 자신이 당한 대로, 자신이 어릴 때 배운 대로 행동합니다.

마지막으로 '힘'에 대한 개념정리도 필수적입니다. 아이에게 넌 강한 아이, 넌 약한 아이라고 알려주라는 뜻이 아닙니다. 상대성과 불균형을 인식시켜 주라는 뜻이죠. 친구에게 맞고 집에 돌아온 아이에게 "무조건 되갚아주고 오라"면서 등을 떠미는 엄마가 있습니다. 아니면 "넌 왜 그렇게 매일 맞고만 다니냐!"며 몰아세우는 아빠도 있고요. 절대적으로 피해야 할 행동입니다. 힘과 권위의 불균형은 아이들 세계에 더 뚜렷하게 존재하기 때문입니다.

코피만 먼저 터뜨리면 싸움에서 이긴다는 건 정말 옛날 말입니다. 어린이들 사회에서도 힘이 센 아이, 잘 달리는 아이, 머리가 좋은 아이가 아주 명확하게 존재합니다. 오히려 더 멋있게 화해하는 법을 가르쳐주세요. 아니면 아이가 잘 하는 분야로 다른 아이들을 끌어와서 경쟁하는 법을 가르쳐주십시오.

어린 동생에게 무조건 양보하라고 해서도 안 됩니다. 형과 오빠로서 동생에게 이만큼을 양보하는 대신 거기에 걸 맞는 어떤 보상이 있는지를 알려주고, 실제 취득하도록 해야 합니다. 특히 형과 오빠라는 이유만으로 '힘'이 있는데도 불구하고 포기하지 않아도 될 것을 포기했다면 대신 더 많은 것을 받아낼 수 있다는 것을 직접 체득해야 합니다. '포기한 만큼 얻어낼 수 있어'라는 사실을 실생활에서 익히는 것입니다. 그래야 중학생, 고등학생이 돼서도 '협상'

을 통해 거친 경쟁을 이겨낼 수 있습니다. 강자일 땐 강자로서, 약자일 땐 또 약자로서 살아남는 법도 배우고요.

마지막으로 당사자 모두에게 이익이 되는 협상이 존재함도 알려주세요. 또한 모든 협상이 물질적 요소로만 결정되지 않는다는 것도 알려주면 좋습니다. 가령 "은경이, 너 오늘 머리 리본 참 이쁘다." 라던가 "민재야, 달리기 진짜 잘하네, 부럽다." 등과 같은 진심 어린 말 한마디가 아주 큰 힘을 발휘하다는 것을 말이죠.

단돈 1000원을 깎아도 걷잡을 수 없는 희열을 느끼며, 몇 천만 달러를 거부하면서도 고향을 지켜내는 농부가 존재하고, '말 한마디로 천 냥 빚을 갚을 수 있는' 게 바로 우리네 세상이기 때문입니다.

내 아이를 돈의
주인으로 키워라

"아빠, 우리 집 있잖아, 우리 꺼야?"

아이가 뜬금없이 던진 한 마디가 아빠의 가슴을 아프게 합니다.

"응? 뭐라고?"

아빠는 괜히 아이의 질문을 되묻습니다. 그럼 기다렸다는 듯 아이는 바로 질문을 이어갑니다.

"그러니까, 우리는 자가야? 아니면 전세야?"

"우린 아직 전세 살고 있어."

"왜? 왜 우린 아직도 집이 없는 거야?"

"그러니까, 그러니까, 그러니까 말이지……."

참 열심히 살아왔는데, 결혼 이후 앞뒤 안 보고 숨 가쁘게 달려왔는데 막상 아이의 이런 질문을 받으면 가슴이 답답해집니다. 물론 대형 평수의 좋은 아파트를 갖고 있는 아빠라면 조금 입장이 다르겠지만-꼭 그런 것만도 아닙니다-아직 내 집 장만을 못한 경우엔 무슨 큰 죄라고 진 것 같습니다.

초등학교, 중학교 동창회에 갔다 오면 한 번씩 꼭 느끼는 사실이 있습니다. 이건 대한민국 동창회에서 거의 100% 확률로 나오는 것인데요, 바로 학창시절 공부 잘했던 것과 돈 많이 버는 것은 완전히 다른 이야기라는 것입니다. 오히려 돈을 많이 번 친구들은 공부를 못했던 쪽에 많습니다.

그런데 이런 현실을 보면서도 우린 내 아이는 대학을 가야 돈을 벌고, 명문대를 가면 돈을 더 많이 번다는 관념을 버리지 못합니다. 코 앞에서 '현상' 을 목격하고 체험하면서도 생각을 바꾸지 못합니다. 명문대를 가면 안정적 생활을 할 확률은 높아진다고요? 글쎄요, 여기엔 많은 가정이 필요합니다. 명문대를 졸업해, 일류기업에 입사해야 하고, 또 그곳에서 치열한 생존경쟁을 뚫고 우뚝 서야 한다는 것이죠. 그런데 난이도로만 보면 이 과정이나 명문대를 가지 않고 사회에서 우뚝 서는 것이나 비슷하게 어렵습니다. 그래서 어떻게 보면 대학은 부모 자신이 맘 편하게 먹으려는 수단 같기도 합니다. 대학 보냈으니까, 내 책임은 이제 끝이다, 뭐 이런 겁니다.

아이 경제교육도 비슷합니다. 그깟 몇 가지 경제 지식이나 투자 관련 용어 몰라도 됩니다. 오히려 아이 때 제대로 된 절약 습관 하나만 들이는 게 평생 더 유용합니다. 그렇지만 부모들은 이런 사실을 알면서도 안 합니다. 대신 자신의 부담감이나 죄책감을 덜려고 아이에게 경제 동화 몇 권을 사서 주는 걸로 대신 합니다. 마치 부모 자신들의 은퇴 설계처럼, 머리로는 알고 있지만 알고도 안 합니다.

어떤 부모는 이렇게 말합니다. "돈이 그렇게 대단해? 돈 없더라도 행복하게 한평생 편하게 살아가면 돼지, 안 그래?" 라고요. 맞습니다. 어쩌면 이게 바로 내 아이 경제교육의 궁극적 목표일 수도 있습니다. 돈과 별도로 자신의 인생에서 행복을 찾을 수 있다면 그게 바로 내 아이 경제교육의 완성일 것입니다.

하지만 이 목표를 달성하려면 아이에게 정말 많은 것을 가르쳐 줘야 하고 훈련시켜야 합니다. 예를 들어 돈 없이 행복하게 살려면

우선 절약하는 습관을 들여야 하고, 있는 것에 맞춰서 살아가는 습관도 길러야 합니다. 현실에 만족하는 법도 배워야 합니다. 돈이 없는 게 부끄러운 게 아니라는 것도 가르쳐야 하고, 또 돈이 많은 사람들을 미워하지 않고, 주눅 들지 않게 살아가는 법도 익혀줘야 합니다. 그런데, 오히려 '돈은 정말 중요하다. 많이 벌도록 열심히 일해라' 라고 가르치는 것보다 몇 백 배 더 힘들다는 것을 알게 될 것입니다.

아이와 얼마나 대화를 자주 하는지는 모르겠지만 초등학교 5, 6학년만 되도 아이의 경제, 금융지식에 깜짝 깜짝 놀라게 될 것입니다. 정말 지식은 충분합니다. 이뿐만이 아닙니다. 아이들은 아파트 평수가 어떻고, 구조가 좋고, 확장공사를 했는지 안 했는지에도 관심이 많고, 서울 강남이 어떤 동네고 아파트 가격은 왜 오르는지에 대한 궁금증도 많습니다. 이제 3살짜리 재벌 그룹 손자 아기가 25억 주식부자라는 뉴스를 보면서 여러분의 아들, 딸은 방구석에 틀어 박혀 남몰래 우울해 할지도 모릅니다. 그래서 돈 없는 부모가 느끼는 초라함은 더 커져만 갑니다.

하지만 역설적으로 이런 상황이 됐기 때문에 부모의 역할이 더 중요하게 된 것입니다. 내 아이가 평생 '돈의 주인' 으로 살아가는 기초를 만드는 과정, 완벽한 경제적 독립인으로 살아갈 수 있는 힘을 주는 것은 결코 영어, 수학처럼 지식의 문제가 아니기 때문입니다. 결정적인 순간에 펼쳐지는 부모의 행동과 가르침, 관심으로 엄청난 효과를 낼 수 있기 때문입니다.

절대 어렵지 않습니다. 아이와 함께 새벽 수산시장을 가는 것만으로도 많은 것을 알려줄 수 있습니다. 할아버지, 할머니, 아빠, 엄마, 형, 동생, 친구 생일을 시간의 흐름으로 기억하게 만드는 것만으로도 훗날 엄청난 긍정적 효과를 거둘 수 있고요. 체계적으로 10년 넘게 저축 이자율과 펀드 수익률을 비교하는 과정을 연습한다면 이 아이는 세계 최고의 '투자의 귀재'가 될 수 있습니다. 그리고, 뉘엇뉘엇 노을이 질 무렵 낚시터에서 나지막한 목소리로 "민준아, 자기 패는 마지막까지 숨기고 있어야 한다."라는 아빠의 한 마디가 아들을 협상의 대가로 만들 수 있는 것입니다.

마지막으로 부모 스스로도 '돈의 주인'이 돼야 한다는 점은 잊지 않았으면 합니다. '난 못했지만, 넌 잘해라' 식은 경제교육에선 절대로 통하지 않기 때문입니다. 혹시, 지금 아이 교육 때문에 여러분의 노후 설계가 전무한 상태라면 오히려 아이 학원 수를 줄이더라도 괜찮은 연금상품을 고르는 것이 좋습니다.

어서 빨리 시작해보세요. 그리고 아이의 놀라운 발전을 즐겨 보세요. 다시 한 번 말하지만 아이는 뭐든지 빨리 배웁니다. 특히 12

살 이전의 아이는 부모님과 함께 할수록 더 힘을 냅니다. '부자 아
빠'와 '부자 엄마'는 돈이 아니라 함께 하려는 노력과 관심을 보이
는 부모입니다. 너무 뻔한 이야기인 것 같지만 이게 정답입니다.
꼭, 정답을 맞추시길 바랍니다.